DU MÊME AUTEUR

Aux Éditions Gallimard

LE PÉRIMÈTRE DE L'ÉTOILE, nouvelles, 2008.

LES VILLES N'ONT PAS DE TOIT, nouvelles, 2009.

IMPASSE DE LA PROVIDENCE, suivi de JOURS DE FÊTE, nouvelles, 2011.

UN NOUVEL AN DE PIERRES, roman, 2013.

Aux Éditions Editart

LE BONHEUR A DES NAGEOIRES, poèmes, illustration de l'œuvre de Miriam Briss, 2011.

UNZER WORT, poèmes, 2012.

ANIMA – TROIS POÈMES POUR TROIS ESTAMPES DE SAMY BRISS, 2016.

Aux Éditions Metropolis

AH J'OUBLIAIS L'EFFARANTE BEAUTÉ DES LIEUX, nouvelles, 2013.

LES GRANDS EXPRESS EUROPÉENS, nouvelles, 2021.

KIBBOUTZ, nouvelles, 2021.

THE GREAT AMERICAN DISASTER, nouvelles, 2021.

ET LA GUERRE EST FINIE, coffret comprenant LES GRANDS EXPRESS EUROPÉENS, KIBBOUTZ et THE GREAT AMERICAN DISASTER, 2021. Goncourt de la nouvelle 2021.

Aux Éditions Serge Safran

LA BOUCHE OUVERTE, roman, 2015.

Aux Éditions Caractères

ANASTROPHE, poèmes, préface de Salah Stétié, illustrations de Miriam Briss, 2017.

Aux Éditions du Renard Pâle

ENTRE - SOLEILS, collaboration avec l'artiste Michel Kirch, 2022.

TRIBUS

SHMUEL T. MEYER

TRIBUS

nouvelles

nrf

GALLIMARD

À ma petite-fille, Noor,
deuxième génération née en Israël

לֹא עָבַרְנוּ אוֹתָם חַיִּים / לֹא עָבַרְנוּ אוֹתָם חַיִּים / לֹא עָבַרְנוּ אוֹתָם
חַיִּים / אַתָּה לֹא אָח שֶׁלִּי יָא מַנְיָאק / וְגַם לֹא אַתְּ / וְגַם לֹא אַתָּה
כַּפָּרָה / וְגַם לֹא אַתְּ נְשָׁמָה / אֵין אַחִים בַּגּ'וּנְגֶּל

ישראל דדון - שירי עזובה לאהבה - בהוצאת הליקון

Nous n'avons rien vécu de commun / Nous n'avons vécu, rien de commun / Nous n'avons, de commun, rien vécu / Tu n'es pas mon frère, fils de pute / Toi non plus, que Dieu te bénisse / Toi non plus mon Amour / Il n'y a pas de frères dans la jungle[1].

ISRAËL DADOUN,
Chants d'adieu à l'amour,
éditions Hélicon, Israël

1. Traduction libre de l'auteur.

LES HÉRITIERS

— Nous sommes pathétiques.

— Que veux-tu dire ?

— Nous sommes pathétiques dans notre déni.

— De quoi parles-tu, bon dieu !

— De nous croire éduqués, humanistes et libéraux, alors que nous sommes seulement des hypocrites qui détestons plus de la moitié de l'humanité qui n'est ni éduquée à notre façon ni humaniste à la façon de Tolstoï ou Spinoza. Et nos seules libéralités sont celles que nous manifestons à l'égard de leurs tabous et de leurs croyances.

— Nous ne sommes pas pathétiques, juste des humains, qui éloignons l'homme de ses excès primitifs, parce que nous croyons aux Lumières et que nous ne sommes plus candides à l'égard de l'Homme comme l'était Rousseau… grâce à Rousseau lui-même.

Ceux qui parlaient, un très beau et enfin long shabbat, faisaient tourner la glace dans leur verre de scotch que l'un d'eux avait rapporté du duty free de Londres.

Celui qui avait parlé le premier était le plus jeune des deux hommes. Il arborait une barbe brun-roux mal taillée, probablement par volonté de cacher un double menton naissant, et portait sur le bout de son nez légèrement épaté une paire de lunettes épaisses de marque, qu'il avait dû choisir avec précaution. Il affichait une élégance froissée. Une chemise d'une blancheur immaculée mais pas repassée, un pantalon de lin beige qui n'exigeait pas de repassage et des mocassins en cuir souple portés sans chaussettes, que l'on devinait très confortables. Nous l'appellerons l'Avocat puisqu'il se présentait toujours ainsi : « Shaul, avocat… enchanté. »

L'autre homme, plus âgé donc d'une dizaine d'années, avait de longues jambes qu'il croisait à la pointe de ses pieds nus. Lui arborait une barbe poivre et sel, mais plus fournie et entretenue que celle de son interlocuteur. Il était ce que l'on appellera un bel homme. Grand, solide, sans excès de graisse. Il avait un regard de myope qui atténuait par sa douceur une certaine dureté que l'on devinait sous les os saillants de ses maxillaires. Plus que sa tenue – il était simplement vêtu d'un tee-shirt au logo d'une université américaine et d'un short kaki –, il semblait entretenir son corps bronzé et noueux de randonneur. On imaginait aisément qu'il avait dû escalader toutes les dunes des déserts du sud et toutes les pentes escarpées de la Galilée et du Golan. Ce grand gaillard était un retraité de l'armée qui profitait de son temps libre pour voyager avec son épouse à travers le monde, dont il ramenait de magnifiques photos, toujours marquées par l'authenticité plus que par le « remarquable ». Il s'appelait Rafi.

Le jardin dans lequel nos deux amis, car ils étaient amis depuis des années, causaient d'éthique et d'étiquettes, était petit mais précieux. Il entourait une large bâtisse arabe de deux étages de la fin du XIXe siècle, aux murs en pierres de taille épais d'un mètre avec des volets bleu marine.

Les murs étaient couverts de jasmins et de bougainvilliers, comme il était d'usage à Jérusalem, dans ce riche quartier de la colline de Talbieh, au sud-ouest de la ville.

C'était la maison de Nava et Rafi. Le couple en avait fait l'acquisition dans les années 80, lorsqu'ils avaient hérité des grands-parents de Nava.

L'Avocat avait la tête d'un héros hollywoodien des années 1990 qui aurait cessé le sport le jour où il avait décidé d'être plus intelligent que beau.

Mais laissons-les parler, alors qu'ils se resservent deux belles rasades de scotch pur malt et qu'ils secouent leurs verres embués de glace.

— *Non, mais tu t'entends ? C'est quoi Huntington ? La guerre des civilisations ? La nouvelle gauche réactionnaire ?*

— *C'est un fait. Je n'énonce que des faits. Je n'ai plus d'indulgence pour ceux qui se font avoir toute leur vie, et votent pour leurs maîtres, leurs bourreaux, et à présent pour des fascistes et des religieux, plutôt que pour la liberté et le progrès.*

— *Peut-être parce que nous ne partageons ni la liberté ni le progrès avec eux ? S'ils nous détestent, on a quelques responsabilités non ? Je pensais que là-dessus, tu étais encore de mon avis ! Alors c'est fini ? On laisse tomber ? Ils sont les ténèbres et nous la lumière ?*

— *Lorsqu'un juif oriental comme moi est de gauche, libéral ou athée, les juifs orientaux pensent qu'il est au mieux un traître, au pire qu'il est devenu ashkénaze.*

Rafi souriait de lui-même en grattant les poils gris de sa barbe sur le bord du verre avant de le boire d'un coup sec. Un oiseau au ventre coloré s'était installé sur une table basse de mosaïque orientale et picorait des miettes de crackers. Les épouses de nos deux hommes les laissèrent pour préparer le repas de midi.

La cuisine américaine, ouverte sur la salle à manger, semblait au premier abord disproportionnée. Elle possédait un îlot central en faïence bleue avec toute la panoplie des accessoires indispensables, robots de toutes sortes, set de couteaux japonais noirs et, au plafond, une espèce de rail suspendu où des dizaines de céramiques contenaient, selon Nava, toutes les senteurs du shouk[1] arabe de la Vieille Ville. Écoutons-la raconter l'histoire de ses emplettes.

— Tu te souviens de la fois où nous sommes allés tous les quatre au shouk de la Vieille Ville avant le Rosh Hashana de Sharon et le début de la deuxième intifada ? Eh bien imagine-toi que depuis quelques semaines, nous sentons avec Rafi la même atmosphère. Hier donc, nous y sommes allés pour acheter du café à la cardamome, de la tehina, parce qu'il faut bien avouer que leur tehina et leur huile d'olive sont cent fois meilleures que les nôtres, et puis on a mangé un houmous foul chez Abou Shoukri… Tu sais bien que Rafi et moi sommes connus par la plupart des commerçants. Mais nous les avons sentis froids à notre égard, voire hostiles. Depuis la mort d'Abed, avec qui nous mangions souvent, je me suis sentie pour la première fois indésirable, seule et étrangère. Les ruelles étaient vides et les noms de rue en hébreu et en anglais avaient été rayés à la peinture noire, comme en septembre 2000.

— Je sais combien tu aimes te balader à Jerusalem-Est, mais moi, je dois t'avouer que je m'y suis toujours sentie étrangère,

1. « Marché », en hébreu.

comme je me sens étrangère à Jaffa, ou Umm el Fahm, une touriste fascinée, mais une touriste qui n'a qu'un visa provisoire.

Celle qui avouait son inconfort à son amie Nava s'appelait Ronit. Née au kibboutz Kfar Avraham, dans le Goush Ménashé, elle avait été danseuse dans un ballet réputé de Tel-Aviv et, à présent, dirigeait une école de danse installée dans un immense hangar de Salama, près de Jaffa – une baie vitrée en profil belge de vingt-cinq mètres et d'une seule pièce, disait-on. Ronit était le pendant en brune de son amie à la chevelure blanche. Toutes deux élancées, fines comme des lianes qui semblaient n'avoir jamais eu à lutter contre un surpoids inesthétique. La nature les avait dotées de beautés contraires et d'une vive intelligence commune.

Les deux femmes s'étaient rencontrées dans les manifestations de Shalom Akhshav, La Paix maintenant, en 1982, lors de la première guerre du Liban. Elles s'étaient tout de suite entendues, comprises et admirées. Elles parlaient la même langue avec le même accent propre à ceux qui voyagent et enrichissent l'hébreu de vocables précieux, comme de la verrerie de Murano.

Mais intéressons-nous à Nava, qui n'avait pas peur d'assumer les affronts, très respectueux, croyez-moi, que lui faisaient les années. Elle avait donc des cheveux blancs, fins mais fournis, qui frangeaient un visage de porcelaine troué par deux grands yeux azur et rieurs. Elle se sentait riche d'une vie pleine d'aventures professionnelles passionnantes, mais tout à fait consciente que les fées s'étaient penchées sur son berceau et que son nom lui avait ouvert grandes les portes du monde dans lequel elle avait pénétré jeune fille. Elle n'était pas snob, dans un pays où les nouveaux riches faisaient florès, sa générosité et son écoute attentive de l'Autre le lui interdisaient. Elle était ce qu'elle était, la fille d'un juge conservateur de la Cour suprême, celle de la fondatrice et administratrice d'une des plus grandes organisations caritatives du pays et, last but not least, la petite-fille d'une des éminences du sionisme révisionniste qui, pour ceux qui l'ignoreraient encore, était le courant le plus nationaliste et réactionnaire du pays, le nid idéologique de l'extrême droite israélienne. On ne dira rien de sa grand-mère maternelle, députée Herout de la première Knesset et compagnon de route de Shamir et d'Abba Ahimeïr. L'émancipation de Nava, sinon sa trahison aux valeurs familiales, datait de la guerre des Six-Jours. Alors étudiante en arts plastiques, elle s'était opposée à la colonisation de toutes ses forces et de toute son énergie, au point de devenir une personnalité de l'école Betzalel. Ce genre de personnalités que les médias accrochaient tout de suite, parce qu'elles étaient belles, et qu'elles avaient toutes les chances d'inspirer l'enthousiasme chez certains, la jalousie chez d'autres et la répugnance des déshérités et des conservateurs. L'union sacrée des opinions extrêmes qui construisaient les figures, qui marquaient superficiellement l'histoire d'un pays… le temps d'une histoire.

De la fenêtre de la vaste cuisine, Nava et Ronit pouvaient apercevoir leurs maris discuter et l'olivier frémir dans la brise qui rendait parfois Jérusalem si légère que même les pierres semblaient flotter.

La stéréo, qui jouait en sourdine une vieille chanson d'Alon Oleartchik, interrompit leur conversation qui s'était dirigée vers d'autres continents plus olfactifs que politiques. Ronit esquissa quelques pas de danse, naturellement gracieux et précis, sur les grandes dalles de céramique anthracite. Le vent secouait les voilages. Derrière la barrière de lauriers, la ville en contrebas s'étendait en direction de la route de Hébron et d'Abou Tor et soudain s'élevèrent les premières zemirot chantées par des voisins qui rendaient grâce au mitan de leur repas de shabbat, une famille de néo-orthodoxes.

Rafi se sentait légèrement ivre et il aimait cet état flou où tout pourrait être éternellement merveilleux. Sa joute amicale avec l'Avocat sur les inégalités sociales et la démocratie l'avait amusé. Il se savait cabot et écoutait son intelligence parler avec satisfaction. Il savait que c'était un défaut, mais que c'était aussi un de ses atouts. Il n'en abusait plus, mais ce shabbat, ce shabbat parfumé et parfait, un verre de whisky entre ses longs doigts bronzés, il se sentait d'humeur à dire ce qu'il avait sur le cœur. L'Avocat était le partenaire parfait pour ce genre d'exercice qu'autrefois des camarades auraient appelé des aveux.

— *J'ai une question pour toi.*

— *Shoot !*

— *Tu m'en voudras si je t'avoue que je n'aime pas vraiment les hommes ?*

— *C'est quoi cette question à la con ?*

— *Alors tu ne m'en voudras pas de n'avoir aujourd'hui qu'une empathie très limitée pour les problèmes des Übermenschen de Bneï Brak*[1] *et de Kiryat Arba*[2] *et de nos soi-disant frères de la périphérie avec leur mafia de barbus et d'amulettes, qui ont un rapport très douteux à la liberté. Enfin, et tu auras compris,*

1. Ville ultraorthodoxe proche de Tel-Aviv.
2. Colonie de peuplement proche de Hébron.

pour toutes ces pseudo-minorités que tu tiens tant à défendre, et pour qui toute avancée sociétale et libérale revient à pénétrer les territoires de l'enfer.

Les gamins du quartier, ceux qui avaient fini de manger le repas de shabbat et s'apprêtaient à rejoindre leur mouvement de jeunesse, poussaient des cris de sioux dans le square du Crocodile, un reptile sculpté dans un pneumatique qui aurait pu être aussi bien un lézard disproportionné. Rafi ne s'était jamais posé la question du réalisme plastique de la représentation, pas plus qu'il ne s'était vraiment interrogé sur ce qu'était Israël : un vase neuf ou une amphore recollée, rafistolée avec une colle qui avait perdu de son étanchéité ?

— *Tu te souviens de cette affiche de l'Agence juive qui célébrait l'indépendance, où l'on voyait une mosaïque de visages qui formait une étoile de David. On n'a jamais fait le moindre effort pour trouver le ciment, ou le mastic, qui fasse tenir cette étoile, à part la méfiance pour les goyim.*

— *C'est une promesse que le sionisme n'a pas tenue.*

— *Peut-être était-elle intenable ? C'est la nature même des messianismes…*

Nava et Ronit avaient rejoint leurs époux dans le jardin, un verre de chardonnay à la main. Dans un angle du jardin, un chat au pelage indéfinissable lapait l'eau d'une coupelle en forme de plat à tajine miniature.

— *Messieurs les machistes, vous êtes invités à venir déposer vos croupions à table.*

Tout le monde avait ri par politesse et achevé le verre qu'il avait dans la main. Le soleil s'était lentement déplacé et une ombre bienfaisante avait rafraîchi la partie du jardin où une table en bambou et un épais plateau de verre attendaient les convives. D'autres verres et d'autres bouteilles. Dans des coupelles qui ressemblaient à celle du chat errant, un assortiment de spécialités orientales – koubé, houmous aux fèves de chez Abou Shoukri, tehina, olives grosses comme des raisins muscats, sabich', poivrons grillés, aubergines frites, taboulé libanais, salade de feta et pastèque, labaneh, arayes d'agneau et pistaches.

L'Avocat rappela qu'il avait rapporté pour l'occasion de Netanya une bouteille d'anisette et que la boukha, cette excellente et fine eau-de-vie de figues, attendait sagement dans le compartiment à glace du frigidaire américain à deux portes et fontaine de soda embedded.

— *Vous avez lu l'article d'Amira Hass dans le supplément de* Haaretz ?

— *Non, raconte, lance Rafi à Ronit qui grignote du bout des lèvres des petits morceaux de poivrons.*

Elle força sa déglutition en mettant pudiquement sa main devant ses lèvres.

— *Toujours la même chose, en bref ce que nous faisons subir aux Palestiniens.*

— *Une honte ! ajoute Nava, sur un ton péremptoire qui donne l'impression qu'elle a lu l'article alors qu'elle n'approuve en fait que par habitude.*

Parce qu'on n'a pas besoin de lire Amira Hass et Gideon Levy pour savoir que l'âme et l'esprit d'Israël se dissolvent dans l'occupation.

— *Et plus précisément ? insiste Rafi.*

— *Le bouclage des villages et des villes palestiniennes pendant la durée des fêtes et la descente du Shabak dans la casbah de Naplouse.*

Alors que l'Avocat revenait avec son chargement de bouteilles, Ronit décrivait en détail les humiliations infligées aux Palestiniens par des soldats et des officiers du check-point 300 de Bethléem.

— *Nous perdons chaque jour de notre humanité, de notre légitimité aux yeux du monde, à cause d'une mystique de pacotille.*

— *Tu sais Shaul (Nava s'adresse à l'Avocat), je t'ai entendu, tout à l'heure, avec Rafi. Tu prônes le dialogue avec ces pauvres Mizrahim qui votent pour le Likoud et pour le Shass, je crois que c'est trop tard et que c'était voué de toute façon à l'échec. Sais-tu que chaque fois que Ronit ou moi recevons des crachats ou des injures, ce qui arrive au moins deux fois par semaine lorsque nous sommes au check-point, ce sont toujours des chauffeurs de taxi, des livreurs séfarades, avec la kippa vissée sur la tête. Leurs bouches, qui devraient être pleines de justice et de miséricorde et d'amour pour Dieu, ne contiennent que des «pute, chienne, va coucher avec les arabes, salope…» Alors crois-moi, c'est trop tard, je suis d'accord avec Rafi, je n'éprouve aucune empathie pour eux, ce sont des machistes, des racistes, des chemises brunes.*

— *Tchakh'tchakh'im' disait Doudou Topaz en 1981! interrompt l'Avocat. Tu nous refais le coup de la «racaille». C'est avec des jugements comme ça que les travaillistes ont perdu définitivement les électeurs orientaux.*

Nava était vexée. Elle n'avait pas l'habitude d'être comparée au bateleur populiste de la télé des années 1980. Mais elle tenait à être honnête et mit de côté sa susceptibilité pour reconnaître qu'elle avait dit une bêtise et que le vin et la boukha lui avaient délié un peu trop la langue.

Le chat et un copain à lui, un gros matou à l'oreille gauche déchirée, étaient venus réclamer des bouts de n'importe quoi, parce que ici les chats n'ont pas d'exigences de croquettes équilibrées issues de la production bio. Ronit, la danseuse, aimait les chats et les chats semblaient le savoir. Ils l'assiégeaient en miaulant. Ils mangeaient tour à tour dans sa main très blanche des morceaux d'agneau épicés au cumin, au quatre-épices et tout picotés de pistaches. La sirène d'une ambulance, rue Pinsker, les fit à peine tressaillir, tant ils étaient habitués aux aléas de l'existence humaine et aux cris déchirants qui les accompagnaient. Ils finirent leurs assiettes en silence. Ils avaient beau être amis depuis des années, partir en week-end ensemble, ils étaient gênés par le tour qu'avait pris la discussion. Nava, plus que tous les autres. L'Avocat aussi, qui avait toujours été secrètement amoureux de Nava : elle était bien la dernière personne qu'il désirait blesser.

Jérusalem se réveillait de sa narcolepsie sabbatique, la bouche pâteuse, l'haleine chargée, avec ce vague à l'âme qui enfle à l'approche d'une semaine nouvelle, du labeur, de la routine. Ce vague à l'âme qui envahit les collines, les oliveraies, les rues désertes du centre-ville. Dans le jardin, Rafi cuvait son ivresse dans une chaise longue, le journal déplié sur ses genoux comme une jupe impudique. Shaul l'avocat, lunettes massives accrochées à la pointe de son nez, se pencha avec intérêt sur le dernier roman de Dov Shatz – *qui écrivait décidément de plus en plus mal depuis son prix Nobel.* Il reposa le livre dans la bibliothèque, en choisit un autre et s'affaissa lourdement sur le grand canapé du salon, sous la climatisation. Nava et Ronit sortirent se promener dans le quartier et peut-être plus avant, vers la

H'oursha Ha'Yareach, le bosquet de la Lune, et la vallée des Géants, qui pourrait aussi bien être celle des fantômes. En chemin, elles croisèrent des familles religieuses, des hommes qui se rendaient en grande hâte à la synagogue. L'air avait le parfum de l'herbe sèche coupée et de la résine de pin chaud. Le vent ne soufflait plus et le ciel qui s'assombrissait se voilait aussi de nuages gris et jaunes. Le toit de l'Hôtel Ariel, en forme de tables de la Loi, se détachait comme une évidence blanche. Les deux femmes marchaient en silence. Pour traverser le bosquet d'où émergeaient rocailles, racines et rejets de figuiers, elles se donnèrent la main et semblèrent apprécier le contact amical de leur peau. Un jeune homme qui fumait un joint sur une grosse pierre leur sourit, elles lui retournèrent sa politesse, dont elles ignoraient si elle lui venait de son éducation ou de son bas-ventre.

— *Je suis toujours étonnée d'aimer cette ville, de penser qu'elle m'appartient parce que j'y suis née. Il y a toujours eu ici des séfarades, des ashkénazes, des religieux, des laïcs, des arabes, des femmes et des hommes pieux, des voleurs, des philanthropes. Nous avions en commun quelque chose que j'ignore. À moins que ce ne fût qu'une illusion d'enfant.*

— *Moi, j'ai tour à tour adoré et détesté Kfar Avraham. Et finalement je l'aime à nouveau pour ce qu'il n'est plus.*

— *Je n'ai jamais détesté Jérusalem. Et j'aurais dû… parce que aujourd'hui, c'est elle qui me déteste.*

Elles étaient à présent rue Emek Refaïm. Tous les magasins étaient fermés dans la vallée des fantômes où déambulaient d'aisées familles religieuses américaines, françaises, apparemment modernes. Leurs enfants étaient bien habillés, avec des vêtements qui venaient de là-bas.

Avec eux, ils parlaient leur langue maternelle, plutôt que l'hébreu. Et cependant sur la poussette d'un bébé, dans la langue d'Agnon, un sticker désignait l'ancien président de la Cour suprême, Aharon Barak, comme la tête du serpent. La jeune fille qui poussait son enfant ne devait pas encore être née lorsque Rabin avait été assassiné. Elle possédait un visage d'ange botticellien, et le bandana qui encadrait maladroitement sa chevelure auburn n'était pas un signe d'inadvertance mais de séduction.

— *Mon Dieu, que la haine peut avoir un beau visage! s'exclame Ronit qui s'est retournée pour suivre la démarche de la jeune mère.*

— *Et elle fait des enfants ! Et seul leur Dieu peut savoir ce qu'ils feront de ce pays, j'allais dire, notre pays, comme si ce n'était pas aussi le leur...*

— *Ne t'excuse pas, j'ai été traversée moi aussi par cette terrible pensée, qu'on nous volait notre pays. Comme ces horribles tours cages à poules de Poleg à Netanya et Bat Yam, qui nous ont volé la mer et le sable. Ou lorsque, par cupidité, mon kibboutz a construit une synagogue pour remplir nos Zimmerim*[1] *à la campagne. À chaque fois que j'y reviens pour voir mon frère, j'ai l'impression qu'on ne m'a pas seulement menti, mais qu'on viole notre jeunesse.*

Soudain, dans un éclat de rire lumineux, de ceux qui dévoilent parfois ce qu'il y a de plus intelligent en l'homme, Nava, en quelques hoquets, hachura et souffla :

— *Et... et nous sommes... sommes les... les pro... les progressistes !*

1. *Zimmer*, en allemand « chambre », nom donné aux locations de vacances ou de week-end.

Ce n'était pas, comme souvent, la pertinence de ce qui avait été dit qui fit que Ronit se joignit au rire de son amie, mais le rire lui-même.

Deux ou trois passants s'amusèrent de ce duo de femmes très dignes qui se moquaient d'elles-mêmes, et hoquetaient – *et nous sommes les progressistes !*

Rafi s'était réveillé ; il avait la bouche pâteuse des excès d'alcool ; il la rinça en engloutissant le fond d'un verre de whisky tiède aux nuances éventées. Il avait mal au crâne et, comme à chaque réveil des siestes shabbatiques, était de mauvaise humeur. Il avait vieilli, n'était plus le dixième de ce qu'il avait été. Comme Nava n'était pas là, il alla chercher un paquet froissé de cigarettes, caché dans son secrétaire. Il referma le tiroir avec mille précautions pour ne pas réveiller l'Avocat qui s'était endormi la bouche ouverte sur le canapé, frappé en pleine lecture et probablement relecture de *La petite mort d'Aristide*, dans une nouvelle traduction. Nava n'aimait pas qu'il fume depuis la pose de son premier stent, puis du deuxième et du troisième, il y avait plus de dix ans. Fumer lui faisait doucement tourner la tête. Rafi se servit un verre de whisky. Il en avait trop versé, ses mains tremblaient légèrement mais il savait que la prochaine rasade l'apaiserait et qu'il pourrait enfin jouir de cette fin de shabbat, fumer en guettant le ciel et sa lumière agonisante derrière le jardin et la maison.

Rafi savait qu'il n'y avait pas seulement la lumière qui agonisait derrière le jardin et la maison. Ce pays qu'il avait passionnément aimé s'effondrait dans une sorte de prophétie divine sortie tout droit d'une tragédie hollywoodienne, ombragée de palmiers. Soixante-quinze ans qu'il embrassait de son corps entier la terre que ses parents avaient choisie pour lui. Il avait le même âge qu'elle, dans sa version moderne et nationale, et il était épuisé, vidé de ses rêves, de ses désirs et de ses espoirs, parce qu'ils étaient comme ceux de son pays – une vaste ambition archéologique pour reconstituer une mosaïque, après deux mille ans de persécution et d'exil, sans en connaître les contours exacts. Il aurait aimé s'effondrer dans l'oubli d'un Alzheimer égoïste et heureux, qui effacerait toutes tentatives de compréhension du monde, et c'était un cancer qu'il taisait à tous qui ravageait les chairs et les cellules de son crâne. Un mal qui le tenait éveillé au cœur de la nuit par la peur, qu'il avait jusqu'alors toujours redoutée mais cantonnée au rang de pure hypothèse.

À quelle tribu appartenaient les pères de ses pères ? À l'une de celles, violentes, des trois aînés de Jacob ? À la royauté de Juda, était-il le serpent de Dan ? Ou d'Issachar la mule ? La douceur de Nephtali ou de Benjamin le loup jaloux ? Lui, qui était aux yeux de la communauté séfarade, lorsqu'il portait encore l'uniforme, un symbole de fierté, était devenu à sa retraite et depuis son remariage avec Nava la cible préférée des prêcheurs des synagogues orientales. Il avait toujours fait le choix d'Israël contre celui des tribus. Il s'était trompé. Le tribalisme ontologique du peuple juif s'était imposé face à l'utopie du rassemblement des exils.

Nava et Ronit avaient appelé pour prévenir qu'il y avait le soir même à la cinémathèque un hommage rendu à l'écrivain récemment disparu, Meir Shalev, et Rafi avait répondu par un cynique et macabre :

— *C'est Amos Oz ou A. B. Yehoshua qui parlera ? À moins que ce ne soit les fantômes de Wieseltier ou de Geffen… Laissons les écrivains dans leurs livres ! Pas envie d'y aller, mais je pose la question à Shaul, dès qu'il se réveille.*

On s'étonnera du fait que nos amis ne songèrent pas à rejoindre les manifestations organisées chaque shabbat au crépuscule contre la mainmise des colons suprémacistes et des religieux sur le gouvernement de Netanyahou.

Disons que l'Avocat n'y allait pas parce que la justice des fascistes n'était pas différente de celle de l'hypocrite élite ashkénaze faussement libérale qui s'était approprié les tribunaux depuis la création de l'État d'Israël. Nava n'irait pas aux manifestations tant que les arabes israéliens et les Palestiniens n'y seraient pas associés avec leurs revendications et leur drapeau. Ronit ne croyait plus que les manifestations bourgeoises suffiraient à faire reculer les vagues de populisme messianique qui unissaient plus sûrement les prolétaires que toutes les promesses jamais tenues d'égalité. Quant à Rafi, il mourrait sans jamais connaître la fin de l'histoire, comme un fan de foot que l'on prive des dernières minutes du match de son équipe et qui en ignorera toujours le résultat – une victoire, une défaite, des prolongations… Une petite frustration, somme toute, pas de quoi fouetter un des nombreux chats de Jérusalem.

À propos de chat, un matou à trois oreilles se régalait d'un koubé, qu'il faisait rouler entre ses pattes rousses après chaque morsure. Parfois, la boulette de viande échappait quelques instants à la vigilance du fauve, en se cachant maladroitement dans le gazon bien entretenu. Le chasseur avait trois oreilles et deux yeux jaunes. Il était méfiant, jetait des regards suspicieux à l'homme allongé sur sa chaise longue qui l'observait en recrachant la fumée de sa cigarette vers le ciel uniformément noir. Le chat le sentait-il, qui ne prêtait plus attention à cette fausse menace puisque lui, comme tous les chats de Jérusalem, savait qu'ils étaient les seuls maîtres de cette Terre de promesses et qu'ils en étaient les uniques héritiers.

KOBY

Yaakov, que tout le monde appelait Koby, était, des onze enfants de Habiba et Victor, le plus beau, le plus potelé et le plus doux des bébés. Ses cheveux noirs, hérissés et drus, lui faisaient une petite bouille d'iroquois rigolard. Il faisait ses nuits, ne pleurait jamais et marchait alors que tous ses frères et sœurs rampaient encore au même âge.

Il n'était pas le benjamin, ni l'aîné, mais le numéro 7, ce qui aurait pu engendrer un certain anonymat dans cette foultitude de morves et de braillements, d'autant que parmi ses six aînés les cinq premiers étaient des garçons, dont le plus âgé, l'Héritier, né hors d'Israël, dans le mellah de Fès, avait douze années de plus que lui.

Le quartier où habitaient Koby et sa famille s'appelait la Mousrara, rebaptisé depuis l'indépendance en Morasha. Mais tout le monde, jusqu'à ce jour, reste fidèle à la dénomination arabe et le quartier s'appelle toujours la Mousrara, qui signifie entêtement en arabe. Aujourd'hui le quartier, qui se situe à deux pas des remparts de la Vieille Ville et fait la jonction entre les quartiers ultraorthodoxes de Mea Shéarim, Beït Israël et l'église russe orthodoxe, est peuplé de bourgeois, d'artistes, une Jaffa de poche, traversée par une artère appelée rue des Tribus d'Israël. Mais lorsque Koby vit le jour, la Mousrara était un majestueux quartier de riches arabes chrétiens séduits par l'architecture ottomane de la fin du XIXe siècle. La Mousrara était pleine de villas tarabiscotées, entourées de jardins ombragés de palmiers et de caroubiers, pleine de cours intérieures, ombrées de bougainvilliers, de vignes et de jasmins, d'escaliers, de terrasses et de toits plats, de linge suspendu, de citernes d'eau de pluie ; un majestueux quartier lorsqu'il naquit, peuplé de juifs exilés de Mogador, de Marrakech, de Taroudant, d'El Jadida ou de Fès, de juifs trop pauvres, trop primitifs aux yeux des « bâtisseurs de Sion », des juifs « arrivés trop tard » et qui ne correspondaient en rien au projet sioniste nourri des terres grasses du shtetl et de la révolution tolstoïenne. Car la Mousrara, dans sa majesté, était inhabitable du fait de sa proximité avec les snipers de l'armée jordanienne et aucun juif « arrivé dans les délais » et prononçant la lettre a'ïn comme un aleph n'aurait souhaité servir de cible mouvante à un fier légionnaire coiffé d'un keffieh rouge et blanc. Ce furent donc des familles juives comme celle de Koby qui s'installèrent dans ce décor des *Mille et Une Nuits*, de ronces et de pierres trouées par les balles de fusils, en marge de l'industrieuse et bourgeoise Jérusalem, plus à l'ouest.

Le jour où Koby naissait à la maternité de Bikour Ch'olim, un gamin de la hassidout de Satmar tombait sous les balles d'un sniper à la porte Mandelbaum. Le gamin imprudent avait pensé trouver un raccourci entre son appartement des Bateï Hungarim et le heder où il étudiait. Aucun des livres saints qu'il transportait contre son cœur ne le protégea de cette balle sortie d'une usine britannique.

C'était un matin fruité et acide de juin. Le soleil de ce lundi était ce que l'on peut imaginer de plus beau, un soleil qui fait l'effort de chauffer sans brûler, d'illuminer sans aveugler et d'accepter la présence folâtre des nuages qui parfois prennent des figures d'anges ou de monstres.

L'ange passait au-dessus de l'hôpital Bikour Ch'olim et le monstre, certainement sur les remparts de Soliman le Magnifique.

Koby avait grandi comme tous les gosses du quartier, dans le bonheur, qui ignoraient la misère, l'insalubrité, et la violence sociale qui les environnaient. Pour échapper aux balles, les enfants jouaient entre les terrasses et les jardins encombrés de poulaillers, où quelques volailles souffreteuses attendaient le repas de shabbat, entre les plaques où séchaient les piments verts et rouges.

Habiba, la mère de Koby, faisait des ménages dans le quartier chic de Reh'avia et Victor, son mari, travaillait à la minoterie Angel, le boulanger industriel de la rue des Imprimeurs. Avec onze enfants, l'oisiveté était un concept proscrit dans le trois-pièces qu'ils occupaient au rez-de-chaussée d'un magnifique bâtiment de deux étages, qui jadis accueillait quatre familles et, en ce mois de juin 1957, un peu moins de cent âmes qui constituaient dix-sept familles juives originaires du Maroc, pour l'essentiel.

Koby avait grandi comme tous les mômes, indifférent à la promiscuité. Bien au contraire, Koby aimait cette bande de moutards – Moïse dit Mouchone, Simon, Simone, Eli, Dado et Charly. Tous n'allaient pas étudier au heder du rabbi Zévulon, rue des Prophètes. Mouchone aidait son père au shouk Mahané Yéhouda, chez le boucher Hamawi, et Simone secondait sa mère, la lavandière, à la buanderie collective de la rue Elisha. Simone suspendait le linge au sommet de la synagogue des Tripolitains. Ses allers-retours sur la terrasse, au troisième étage de la masure, lui avaient forgé des cuisses d'haltérophile et personne, dans la petite bande, n'était surpris de recevoir parfois une baffe de celle qui les dominait déjà de dix bons centimètres et possédait des mains rugueuses de charpentier.

Koby se singularisa par l'amour qu'il entretenait pour les études et les livres. Et son maître, aussi ratatiné que patient, le rabbi Zévulon, le prédestinait à la meilleure des yeshivot de la ville, où la cheh'ina, l'esprit divin, s'était posée depuis la nuit des temps. Loin d'être le souffre-douleur de ses camarades en sa qualité de premier de la classe, il était respecté, car comme tous les gosses de la Mousrara il aimait l'aventure, fumer des cigarettes entre pouce et index sur la plus haute des terrasses et regarder, en clignant des yeux, le soleil rouge s'écraser sur la pierre blanche de la Vieille Ville et sur la tour de David.

Koby ne manquait de rien alors qu'il manquait de tout. Hormis la miche de pain que le père rapportait chaque jour de chez Angel, et une partie des abats abandonnés aux employés par le bienveillant Elimelech' Hamawi, que Mouchone fournissait le vendredi, la famille de Koby se nourrissait de ce que les nombreux arbres fruitiers dispersés dans la Sainte Ville prodiguaient en abondance : olives, câpres, laurier, thym, figues, citrons, nèfles, raisins, verveine, amandes et dattes. Aucune autre ville au monde, pensait Koby, n'offrait cette immense miséricorde de nourrir ses pauvres, et il en remerciait le Ciel, le Créateur de toute chose.

Dix années de bonheur simple dans un royaume de solidarité, où l'on partage la faim et la satiété, les rires et les larmes, l'essentiel et la pacotille. Neuf ans et demi que Koby, le fils de Victor, l'ouvrier minotier originaire de Fès, et de Habiba mère courage, avait vécus sans croiser l'animosité gratuite et le ressentiment qu'elle engendre. Ce fut le vieux rabbi Zévulon qui les apporta, non sans violence, à la Mousrara, lorsqu'il annonça que le Rav Shimshon Bauer, directeur de l'éminente yeshiva Strauss, avait, malgré les excellents résultats scolaires de Koby, refusé de l'inscrire pour la rentrée et conseillé au vieux rabbin de la Mousrara une yeshiva plus adaptée aux origines… heï, nou… heï, nou[1]… culturelles et sociales du petit Yaakov, que tout le monde appelait Koby et non pas Yankélé[2].

Puis ce fut la rencontre avec le drame et l'ivresse. Le drame lorsque son aîné, l'Héritier de Fès, revint sans ses jambes de la bataille d'Umm Qatef dans le Nord-Sinaï, le 5 juin, et l'ivresse patriotique, quarante-huit heures plus tard, lorsque Motta Gour, Yitzhak Rabin et Moshe Dayan pénétrèrent dans la citadelle libérée.

Drame et ivresse firent un très mauvais mélange dans la tête de Koby qui venait, coup sur coup, d'apprendre toute l'injustice d'un monde fondé sur l'inégalité et de comprendre que son royaume de la Mousrara n'était en fait que l'infime subdivision ethnique d'un puzzle dont les pièces ne s'emboîtaient pas vraiment, parfois même se chevauchaient, une espèce de mosaïque brisée et mal assemblée.

La Mousrara demeurait une sorte de no man's land lézardé, déshérité et miséreux, qui marquait la frontière

1. Expression typiquement yiddish pour marquer son embarras.

2. Yankélé est le diminutif yiddish de Jacob alors que Koby est celui communément admis par les séfarades.

entre la modernité sioniste et européenne et les primitifs – les juifs orientaux, les ultraorthodoxes et, à présent, les arabes.

Lorsque les bulldozers de la municipalité abattirent les murs et les rideaux de barbelés qui séparaient la Mousrara de la Vieille Ville, à présent « libérée », Koby ne prononça pas, contrairement à ses amis, à ses parents et au rabbi Zévulon, les mots de la bénédiction – béni sois-Tu, Seigneur, de nous avoir fait vivre, subsister et menés à ce jour. Du haut de ses dix ans, cette ouverture à l'est, à « l'autre côté », additionnée au rejet de l'ouest pour incompatibilité culturelle, ne pouvait être un jour de joie. Koby resta près de son frère aîné qu'une mine ensablée avait privé de ses deux jambes et que la morphine avait rabougri pour en faire une épave.

La Mousrara, sur le Kav HaTefekh', sur « la couture[1] », entre souveraineté et occupation, devint le lieu de tous les trafics pour les délinquants désœuvrés juifs et arabes, pour les éclopés, les asociaux, les orphelins de la nation que la nation désignait comme marginaux. Alors, la Mousrara survivait avec eux, malgré eux, à cause d'eux, en marge de la ville et de son économie. Une colonne pertes et profits dans le rapport comptable de l'État d'Israël.

Koby était à l'image de son quartier, un garçon magnifique de beauté et d'intelligence que l'hostilité et l'indifférence du monde avaient rempli de ronces et d'épines.

Il n'avait pas encore quinze ans lorsque d'étranges panthères noires, prénommées Saadia et Reuven, le couronnèrent félin. Lors de la fameuse manifestation du mois de mai 1971 – contre le mépris et le racisme institutionnels –,

1. Ligne de démarcation entre Israël et la Jordanie.

les policiers ne brisèrent pas seulement les os du gamin, ils brisèrent en lui tout désir d'être autre chose que lui-même, un égaré, un paria, un adolescent désespéré.

Puis le père, qui avait quarante-cinq ans à la naissance de son septième enfant prénommé Yaakov, mais que tout le monde appelait Koby, décéda d'épuisement une redoutable nuit d'hiver froide et implacable, alors que la neige faisait d'aimables guirlandes sur les toits pointus et les bougainvilliers.

Après sa mort, la famille se dispersa, pour ceux qui possédaient encore des jambes. Les aînés se marièrent – joueurs de jacquet, maquereaux, livreurs de tissus en side-car. Les plus jeunes, comme Koby, firent comme ils purent pour aider la mère, dégottant par-ci par-là de petits emplois au shouk de Mahané Yéhouda, chez les ferblantiers de Messilat Yésharim, ou chez un épicier de Koresh ou de Jaffa Road.

Koby finalement n'étudia pas au-delà de ce qu'exigeait le ministère de l'Instruction, et la proximité de la morphine de son frère, l'Héritier de Fès, le précipita vers les étranges univers de l'oubli et de la distorsion.

La dernière fois que je vis l'oncle Koby, c'était le jour où l'on enterra l'Héritier au cimetière de Givat Shaul. Il n'avait déjà plus la moitié de ses dents et son visage était ratatiné comme une figue tombée à la fin de l'automne. On avait enterré l'Héritier la nuit car, à Jérusalem, on n'attend pas le soleil pour ensevelir les morts. Après la cérémonie, je voulus aller lui parler, mais il avait déjà disparu dans l'immense champ de tombes blanches qui domine la vallée du Nah'al Sorek.

DE LA PAZ À JÉRUSALEM

Il avait le corps encore humide et frais de l'arrosage qu'il s'était prodigué à l'aide d'un tuyau vert et jaune, comme une couleuvre. L'eau dégoulinait de ses boucles de cheveux sur son buste imberbe de jeune homme et puis sur le carrelage de la terrasse ombragée et déformée par un prodigieux figuier, qui produisait, au cœur de l'été, les plus savoureuses figues du kibboutz, les plus sucrées, les plus sanguines, grosses comme des poings d'enfant.

Derrière lui, dans la petite maison composée de deux pièces et d'une salle de douche canonique, sa belle-mère s'apprêtait à réchauffer les casseroles gigognes en fer-blanc que son mari avait rapportées de la cuisine du réfectoire. Pour ce faire, elle extrayait du placard les deux plaques électriques que tout camarade de plus de soixante-cinq ans pouvait désormais posséder, en plus de la télévision et du téléphone en circuit fermé.

Le jeune homme, de retour de son labeur dans le champ de coton que le kibboutz partageait avec les camarades de Yad Hannah, avait jeté sa chemise bleue décolorée par la sueur et le soleil dans le cageot en plastique vert de la coopérative laitière qui faisait usage de bac à linge sale.

C'était en short qu'il s'était douché près de la cabane à outils collective. Sous le jet, il s'était débarrassé des bourres et des pétales séchés accrochés à sa tignasse, qui formaient à présent une farandole dans le ruissellement sinueux de l'eau fraîche.

Une heure avant le coucher du soleil, dans la chaleur déclinante et orange, le jasmin de la tonnelle exhalait, jusqu'à l'ivresse, son parfum de fiancée impudique.

Le beau-père avait déposé sur la table de la terrasse un finjan de mousse brûlante et d'effluves de café à la cardamome, avant de retourner lire le supplément d'*Al HaMishmar* sous les pales bruyantes du ventilateur.

Trempé, le jeune homme s'était tenu dressé, immobile, bras tendus vers le ciel, comme un plongeur après le dernier bond sur la planche. Avant de s'asseoir dans le fauteuil en rotin et de s'emparer de son livre qui gisait gondolé par l'humidité, il s'assura d'avoir les mains sèches.

Le café lui brûla les lèvres. Parmi les dizaines de pages gauches écornées, il rechercha le point où s'était suspendue sa lecture, où s'était arrêté son voyage. Il y avait une joie enfantine chez le jeune homme à reprendre sa lecture. Une joie que l'on devinait à son sourire franc uniquement adressé, pour l'heure, à la femme qui ornait la couverture : une brune aux yeux bleus, un rang de perles à ses lèvres brillantes. Une couverture vulgaire de polar populaire qui cachait la truculente irrationalité de l'Amérique latine, la logorrhée radiophonique hallucinée d'un conteur bolivien et l'épopée amoureuse d'une tante, prénommée Julia, et de son neveu, entre Lima et La Paz.

Le beau-père avait allumé la radio pour les informations de dix-huit heures. Ni la paix signée avec l'Égypte ni la victoire de Gali Atari au concours de la chanson de l'Eurovision n'avaient réussi à calmer sa détestation de Menahem Begin et de son gouvernement. Dans son tricot de corps d'un blanc éclatant, la peau du beau-père, un homme sec et noueux comme un cep de vigne, semblait plus boucanée et fripée dans la lumière chancelante du soir.

— Je rajoute des kneidlachs au bouillon ?

— Pas envie de soupe ce soir.

— Alors pourquoi en as-tu rapporté ?

— Je me suis dit que ça garderait au chaud les schnitzels et le riz ?

Le jeune homme, alors qu'il tendait son front au baiser de sa compagne qui revenait de sa « corvée hebdomadaire à la cuisine collective », entendit le « pffff ! » de sa belle-mère, qui n'irait pas plus avant dans sa désapprobation épuisée et vaine.

Comme le jeune homme, la jeune fille se défit de ses vêtements de travail sur la terrasse, qu'elle jeta aussi dans le cageot. Comme lui, elle se doucha avec le tuyau. Sa peau marquait les frissons que la fraîcheur de l'eau produisait sur elle. Le savon en moussant faisait disparaître les odeurs de graillon et la fatigue d'une journée qui lui avait semblé sans fin.

Le jeune homme avait abandonné sa lecture pour contempler le corps épanoui de la femme qu'il aimait depuis l'adolescence et, au-delà, l'écume qui sinuait entre les dalles et le caillebotis jusqu'aux herbes folles qui faisaient un berceau au bosquet d'eucalyptus.

Il avait encore le baiser humide de sueur qu'elle avait laissé au coin de sa lèvre, lorsqu'il reprit sa lecture.

Il rejoignit tante Julia et son amant au théâtre municipal Saavedra, où se jouait une représentation de la Passion du

Christ. Le jeune homme, né au kibboutz, qui ne connaissait rien du grand monde et n'avait franchi de sa jeune existence que la frontière égyptienne sur la tourelle d'un tank Patton M40, et la jordanienne, clandestinement, avec son camarade Mich'aël pour voir le soleil se lever sur la pierre rouge de Pétra, avait la faculté d'imaginer des paysages, de reconstituer pierre par pierre un édifice décrit par un auteur. Aussi se sentait-il vraiment avec les héros de son livre, enfoncé dans le siège en velours rouge usé d'un théâtre désuet, au pied d'un monticule en carton bouilli, censé représenter le Golgotha, et planté en son centre d'une croix, semblait-il à l'échelle. Il était à La Paz et le théâtre municipal lui apparaissait comme un havre de paix suranné, au milieu d'un chaos multicolore.

La description que Mario Vargas Llosa faisait de cette affligeante Passion du Christ, digne d'une fête scolaire, avait doucement provoqué l'affaissement des paupières du jeune homme, étiré son regard, qu'une boucle de cheveux encore humide avait fini par recouvrir. Ses narines se dilatèrent et ses lèvres charnues s'affinèrent pour découvrir ses dents, dans un sourire qui ne demandait qu'à s'épanouir dans un long roucoulement, avant qu'une goulée d'air, destinée à maîtriser la vague née du diaphragme, ne cède et transforme immanquablement le rire en hilarité, en ivresse, en râle indomptable, en larmes, en hoquets, en savoureuses contractions abdominales.

Le jeune homme lisait et relisait le passage où, soudain, l'immense croix, à l'évidence construite à l'échelle, sur laquelle Jésus se trouvait déjà, se mettait à vaciller, à se balancer d'avant en arrière, dans les cris d'effroi des spectateurs, puis s'effondrait avec fracas, sur la scène du théâtre municipal Saavedra de La Paz. L'auteur affirmait avoir entendu, avant de s'écraser, le Christ s'interrompre dans son affliction en hurlant: «Je tombe, putain je tombe!»

L'explosion convulsive, libérée de toute réserve maxillaire et pulmonaire, d'aménité et de contrainte sociale, s'échappa du corps du jeune homme qui semblait sangloter tant les larmes et les hoquets se mêlaient pour donner à son rire la forme de la plus agréable des tortures.

Le rire du jeune homme, qui venait de naître dans un théâtre d'Amérique du Sud, à trois mille cinq cents mètres d'altitude, deux décennies avant que la nuit n'assombrisse la cime des cyprès et des arbres de Judée du kibboutz Kfar Avraham, ce rire universel qui rend si truculent, la peau de banane, ce cinéma muet mental de seize images par seconde, avait provoqué la plus miraculeuse des mécaniques humaines.

Ce fut d'abord la gorge fine de sa compagne à la peau noire comme les tentes de Qédar qui l'accompagna comme un gracieux violon, puis celle grave de fumeuse de la belle-mère, puis la quinte de toux du beau-père qui rythmait ses agréables autant qu'incompréhensibles expectorations, avec son journal plié qu'il frappait sur sa cuisse.

Alors que les premiers chacals se réveillaient dans les vergers, que les pipistrelles désertaient leurs perchoirs dans la pénombre des hangars, le rire ricochait, de terrasses en jardins, de salons en salles de bain, de maisons d'enfants en poulaillers, de l'étable à la salle à manger.

Jamais rire ne fut plus puissant, porté par le caquètement des poulets et des dindes, par le meuglement des vaches, le hurlement des chiens sauvages, porté à travers les collines desséchées du territoire de Menashé, de Jisr al-Zarqa, jusqu'aux ruines de Césarée, jusqu'à son aqueduc qui longe le sable et la mer, les eaux jaillissantes et le rougeoiement du ciel, aux confins de Sdot Yam.

Tout le monde riait : ceux devant l'écran noir et blanc de la télévision, celles sous la douche, ceux dans un lit, ceux dans l'amour, celui dans le chagrin, celle dans le *seul*, ceux dans l'*ensemble*. Le rire était porté par le vent marin et les ailes des cormorans, de plage en plage, de cabanes en prisons, de Hillel Yaffé aux maternités. Un rire qui piratait les ondes hertziennes – from somewhere in the Mediterranean –, un rire en hébreu, et le même en arabe, en circassien, en arménien, en grec, en yiddish, en araméen et même en latin... la liste est longue des gorges, des poitrines et des diaphragmes qui, en cette nuit étoilée, riaient la langue commune des cumulus, des fleurs de coton et des gazelles.

Le rire montait comme un pèlerin hilare dont les forces décuplent à la vue du Saint des Saints. Un rire destiné à faire plier les puissants et abattre cent portes de forteresses, de sépulcres et de sépultures. Sa marche était rapide, fluide, élégante, ondulante comme un million de mille-pattes ivres. Il fallait voir le rire s'emparer de Latroun et du mémorial de la cavalerie blindée. Libérer les chenilles des tanks Patton, T62, Sherman et Merkava, puis s'infiltrer entre les pierres et les ronces des câpriers qui protègent le silence des shatkanim, des moines trappistes, déferler dans les missels de la salle capitulaire, avant de s'élever pour libérer Jérusalem de son aridité, comme une averse hivernale reverdit la rocaille de Judée et enfante les fleurs d'amandiers.

Le rire libre, gratuit, celui qui n'a d'autre ambition que d'être un orgasme de l'esprit et des boyaux, de congédier dans la volupté le réel, la tragédie, la mort et son attente angoissée ; ce rire collectif était étoilé de milliers de nuances. Une polyphonie symphonique qui possédait toutes les clés pour ouvrir la ville comme une figue mûre et sucrée.

Jérusalem fut surprise dans son sommeil peuplé de rêves messianiques. Dans les ruelles serrées et pouilleuses de Nach'laot, les gabbaïm[1] qui s'apprêtaient à sortir de chez eux pour appeler les fidèles à la lecture des selich'ot, ces prières du pardon qui préparent les âmes et les cœurs au jour du jugement, furent les premières victimes de ce rire irrépressible qui serpentait, nyctalope, sur les toits, entre les réservoirs d'eau, les antennes de télévision et les cordes à linge chargées de draps, de foulards, de châles de prières, de sous-vêtements et de layettes. Un rire de lessive fraîche séchée aux éclats de lune. C'est le doyen des gabbaïm, qui exerçait déjà son sacerdoce lorsque la Terre Sainte était encore soumise aux Ottomans, qui accompagna l'arrivée de ce vent déraisonnable par un rire semblable aux sonneries du shofar[2], Teqi'a, Terou'a, chevarim, Teqi'a Guedola[3], sauf qu'elles n'avaient pas les accents déchirants et syncopés de la repentance, mais ceux joyeux et dissonants d'une fanfare de La Nouvelle-Orléans.

Avant que les premiers rayons du soleil n'illuminent le mur occidental et n'enflamme la coupole de la mosquée d'Omar, le chant du muezzin n'était déjà plus qu'un joyeux youyou, rejoint par ceux des mosquées alentour, de Silwan dans la vallée, à celles de Sheikh Jarrah, puis d'Abou Tor et Shuafat.

1. Sacristains.

2. Le shofar, corne de bélier utilisée à la fin de l'office du matin, du dimanche au vendredi inclus, durant le mois d'Eloul et lors des fêtes de Rosh Hashana et de Yom Kippour.

3. Différentes sonneries du shofar.

Dans les bains rituels des quartiers de Méa Shéarim et Toldoth Aaron, des rondes aquatiques se formèrent dans une liesse de mariage, inconnue depuis celle qui marqua l'union, en des temps immémoriaux, de la dvekout et de la hitlaavout, de la ferveur et de la joie.

Sévères et légères, les cloches de Notre-Dame de Sion, du Saint-Sépulcre, de Saint-Marc, de Sainte-Anne, de Saint-Jacques et celles du monastère de la vallée de la Croix s'associèrent dans une interprétation cacophonique de l'*Hymne à la joie* et de *All You Need Is Love.*

Tous les chérubins de pierre, de bois et de marbre interprétèrent une cumbia qui habillait le rire d'une robe colorée de dentelles et de volants.

Privé des bénédictions de l'aube, le soleil renonçait-il à chasser la lune ? Toujours est-il que la lumière se refusait à dissiper la nuit et la folie, car il faut bien accepter l'idée que ce déferlement d'hilarité spontanée, ce tumulte acoustique, possédait tous les aspects de la folie, d'autant que même les sourds, les grabataires, les intubés, les comateux, les agonisants, et même Menahem Begin par on ne sait quel prodige, riaient à gorge déployée.

Il lui avait fallu un certain temps avant de tourner la page, tant il avait ri. Le temps aussi d'attraper son paquet de Noblesse et son briquet, celui de s'étrangler avec la première bouffée qu'il avait aspirée avec un peu trop de hâte et d'expectorer un résidu de râle et de glaires. Ses yeux bruns étaient rougis de larmes et ses joues mal rasées retenaient les fibres du papier toilette rose qu'il utilisait en guise de mouchoir. Il avait dû aussi se masser les abdominaux que tant de secousses avaient mis rudement à contribution.

Avait-il réussi à lire les premières lignes de la page suivante, nul ne le saura jamais. L'infirmière du kibboutz alertée puis les secours, qui mirent près d'un quart d'heure pour arriver des urgences de Hillel Yaffé, ne purent que constater, en riant encore, que le cœur pourtant solide du jeune homme avait cessé de battre.

Jambes écartées, le livre posé sur son genou gauche, la tête bouclée inclinée sur sa poitrine dorée, le jeune mort affichait un sourire qui découvrait une dentition parfaite, semblable à celle qui mordait sur la couverture du livre un rang de perles.

Alerté, le département d'État des États-Unis d'Amérique, en la personne de Henry Kissinger, ordonna la livraison immédiate de bouchons d'oreilles en Israël, pour mettre fin à cette pandémie profanatrice qui menaçait l'équilibre instable du Proche-Orient et plus largement la civilisation occidentale et la rationalité du monde.

On en équipa les forces motrices de la nation, à commencer par Begin, Shamir, Weizman et Sharon qui durent mettre un terme à leur partie de cache-cache et entamer un dialogue de sourds à cause des bouchons américains. Puis ce fut au tour des Grands Rabbins, des Patriarches chrétiens (qui heureusement ignoraient les origines blasphématrices de ce grand déchaînement), du Grand Mufti, des éminences du Waqf, des généraux de Tsahal, de la direction du Fatah, du FLP, du FDPLP, du FDLP-CG, du FCR, de la Croix-Rouge, de l'UNRWA d'être équipés de bouchons plus ou moins élaborés afin de ramener chacun ses ouailles à la raison, à la réalité des larmes, de la peur et de la soumission.

UMM EL FAHM

Umm el Fahm est une ville arabe pleine de charmes et pourtant, je défie quiconque de ne pas la trouver laide. Juchée sur une colline, dominée par les deux minarets des mosquées al-Khattab et al-Jarrah, la ville semble s'écrouler comme un tas de tuiles rouges brisées et de béton brut. On peut imaginer que la municipalité manque tragiquement de moyens et que le recrutement d'urbanistes n'est pas sa priorité. On peut aussi penser que le modèle architectural des villes juives nouvelles, le Lego, discrédite à jamais le métier d'urbaniste en Israël et que ce grand bordel inesthétique qu'est Umm el Fahm possède plus d'humanité que toutes ces tours copiées-collées entre voie ferrée et échangeurs autoroutiers.

L'appartement de Samia, de Djamil son mari et de Noor leur fille unique de cinq ans est situé à mi-pente de la colline, dans le quartier d'el-Hanuq, à cinq minutes à pied du supermarché d'Abou Fadi, pour ceux qui connaissent le coin. La rue est bruyante de circulation et de travaux en tout genre. La mairie et la région sont les principaux employeurs d'une population composée pour l'essentiel de fonctionnaires, de chômeurs, de commerçants et d'ouvriers du bâtiment corvéables et mobiles. La ville est pieuse, qui compte plus de mosquées que de bibliothèques. La porte de l'immeuble et celles des garages sont, à l'origine, bleu azur, comme des coins de ciel bleu entre les nombreux tags et slogans en rouge et noir. La famille de Samia habite au troisième étage. Le marbre du hall est plus brillant qu'une patinoire olympique et des miroirs, aux murs, renvoient votre image à l'infini.

Je décris les lieux, mais je les découvre en même temps que vous. C'est en effet la première fois que je viens à Umm el Fahm. Cette ville n'est pas touristique comme Nazareth, gastronomique comme Abou Gosh, inévitable comme Fureïdis. Elle n'est pas non plus, pour les juifs en goguette, la plus souriante, ce qui fait que je n'ai jamais eu l'occasion de la visiter, alors qu'elle est à moins de quarante minutes en voiture de mon kibboutz.

Samia m'a invité à venir passer le shabbat chez elle. Nous avons fait connaissance il y a deux ans, lors d'un séminaire organisé par le syndicat des enseignants du secondaire à Haïfa. Nous avions partagé notre déjeuner dans un petit restaurant de Wadi Nisnas, plutôt que dans celui choisi par la majorité des participants, dans la touristique et bruyante Moshava Germanit. J'aurais dû dire « participantes », puisque j'étais un des trois seuls représentants de sexe masculin lors de ce séminaire, ce qui en dit long sur les salaires des enseignants dans le pays du Livre.

C'est la concordance des temps, autant que celle des idées, qui nous rapprocha dès le début du colloque, puisqu'elle comme moi avions abordé un sujet qui nous tenait à cœur, le rapprochement des communautés, aussi bien arabe que juive, que celles du monde du handicap et du valide, des religieux et des agnostiques, des villes et de la périphérie. Nous plaidions tous les deux pour que les misérables fonds destinés à cet objectif soient augmentés, ou que, grâce aux nouvelles technologies, une application soit créée pour permettre à des classes de Rahat au sud et de Nahariya au nord de développer des projets communs, d'apprendre à se connaître durant une année, voire une scolarité entière.

Samia enseignait l'hébreu dans un lycée de Galilée et moi j'enseignais l'informatique aux terminales d'un lycée laïc de Ramat HaSharon. Notre désespoir face aux déchirements de la société israélienne – nous étions au lendemain des heurts violents qui avaient opposé les deux communautés dans les grandes villes mixtes – n'entamait pas notre détermination d'enseignants et de citoyens à transformer le réel, à le raccommoder – j'aurais pu dire « réparer » pour utiliser le langage d'Isaac Louria maître de la Kabbale. Mais ni elle ni moi n'étions très respectueux des principes fondateurs de nos religions respectives, elle encore moins que moi. Alors je me contenterai de dire *raccommoder* ou *repriser*. Nous étions jeunes et nous ne nous posions pas la question de savoir s'il était utopique de vouloir recoudre une société qui n'avait, depuis sa création en 1948, jamais envisagé sérieusement d'être unie et ne s'en était jamais donné les moyens.

Je suis divorcé d'une volontaire argentine qui n'a pas tenu quatre ans au kibboutz, car, je ne vous l'ai pas dit, j'habite le kibboutz Kfar Avraham depuis ma naissance et, mis à part mes années d'études à Tel-Aviv, je n'ai rien connu d'autre que six mois de trekking et de débrouilles entre Bombay et Pondichéry en longeant la côte jusqu'à Goa, puis la côte est en passant par Bangalore. Je suis même trop jeune pour avoir connu le Liban sous l'uniforme.

Samia est née à Umm el Fahm, elle est la fille de notables raisonnablement conservateurs qui n'ont pas découragé leur fille d'étudier, ce qu'elle a fait à l'université de Haïfa pour obtenir un master en lettres modernes.

Lors de notre rencontre durant ce séminaire, entre deux confinements, elle ne portait pas ce long foulard qui ne dévoile rien de la chevelure, qu'elle avait lors de cette première invitation chez elle à Umm el Fahm. Les deux lui allaient bien. Sa crinière noire, bouclée, presque crépue, lui fait un visage de guerrière, le hidjab, un visage de sainte.

Djamil, son mari, est plus âgé qu'elle ; quinze ans de plus, m'avoua-t-elle plus tard. De fait, elle l'avait épousé, alors qu'il était déjà papa d'une petite Noor, née d'un premier mariage qui n'avait duré que jusqu'à l'accouchement. La mère de Noor était morte d'une maladie nosocomiale, trois jours après la naissance, dans d'atroces douleurs que feu docteur Youssef avait considérées comme les symptômes psychosomatiques d'une femme capricieuse et trop choyée. Djamil avait été un militant du parti communiste Hadash avant de basculer dans une vision moins internationaliste et de devenir plus enclin à céder au parfum de l'opium de la religion qu'au fumet du rationalisme scientifique. L'homme, qui ne portait pas la barbe ni ne se coiffait d'une calotte et ne présentait aucune trace de cal au front, était sympathique et avenant.

C'est lui qui m'avait donné rendez-vous à l'entrée de la ville pour me guider dans les rues et ruelles dépourvues de nom, trouées de nids-de-poule et semées d'obstacles divers, parfois recouverts déjà de mauvaises herbes et de petites fleurs violettes. Cette ville donnait l'impression de se détruire aussi vite qu'elle se construisait. Une ville où le courrier n'arrivait jamais faute de noms de rue, conséquence de l'entêtement du ministère de l'Intérieur qui se refusait à donner son accord, pour ne pas voir fleurir des avenues Yasser Arafat, HaNakba', des boulevards Mahmoud Darwich et des places de Palestine. Une ville composée de quatre grandes familles, soit plus ou moins quinze mille âmes qui portaient le même patronyme et que l'on pouvait subdiviser entre ceux qui se prénommaient Muhammad, Mahmoud, Ali et Yasser, c'est-à-dire : presque tous les mâles qui vivaient sur et autour de cette colline poignardée de minarets et de fers à béton.

Ma première visite à Umm el Fahm coïncidait avec la mise au point finale de l'application informatique. L'enfant né de nos esprits communs était là, devant nous, dans le bleu clair lumineux d'un fond d'écran. Nous l'avions prénommé VéDibarta, « Et tu parleras »... comme une sorte d'injonction divine à la communication. C'était Samia qui avait trouvé ce nom ! – l'essence même de notre projet dans le commandement biblique. Nous étions émerveillés et, pour célébrer cette naissance de classes virtuelles, Djamil nous avait invités au restaurant. Noor, qui avait les yeux pâles de son père, tapait des mains et réclamait un hamburger et des chips. Djamil doucha ses espérances et lui expliqua que nous allions manger local, car la coutume voulait que l'on fasse goûter une part de la culture arabe aux invités étrangers. Comme je ne comprenais pas l'arabe, je n'avais pas sursauté à l'idée d'être l'étranger qui habitait à quarante minutes de chez Samia et mangeait le même houmous que lui, et les mêmes salades.

Le restaurant était probablement le plus coté de la ville, situé sur Al Madina, l'artère principale qui, elle, porte un nom. Il proposait quantité de brochettes et de frites que je partageai avec Noor. L'enfant parlait couramment l'hébreu et, à la demande de son père, elle me dit fièrement et gravement qu'elle prenait des cours de piano et qu'elle se destinait, dans quelques années, à être la plus grande pianiste arabe et palestinienne du monde. Qu'elle rêvait de Paris et Londres: une adulte prisonnière d'un corps de petite fille.

Durant le repas j'observai par la baie vitrée la circulation chaotique de l'avenue partagée, en son centre, par un parterre de palmiers rachitiques.

Puis nous allâmes visiter la galerie que dirigeait Saïd Abou Shakra, un cousin de Djamil. Cette galerie faisait la fierté de la petite société intellectuelle de la ville et du Wadi Ara. Fatima Abu Roomi, une artiste peintre, y exposait ses visages voilés, y compris masculins, de transparence équivoque.

En me raccompagnant à la voiture, Djamil s'excusa de la gravité de ses concitoyens – « Cette ville est pauvre et cette pauvreté, elle se vit dans la gravité et le ressentiment ».

Et puis, il y eut un nouveau confinement. Notre projet n'en souffrait pas, les dernières mises au point, nous les faisions en vidéoconférence, depuis nos domiciles respectifs. L'important était de rédiger le business plan et un bon plaidoyer pour la commission des technologies pédagogiques du ministère de l'Éducation.

L'arrivée au pouvoir d'une coalition arc-en-ciel laissait espérer que ce gouvernement serait plus à l'écoute de notre projet que le précédent, celui de Netanyahou.

Nos échanges via internet devenaient de plus en plus longs. Samia avait une passion pour la poésie et s'était mis en tête de traduire les poètes palestiniens en hébreu – Youssouf Abdelatif, May as-Sayigh, Mou'in Bsissou. La musique et l'extrême précision des mots et de leurs couleurs données à ses traductions, au-delà de la cohérence politique, de la prégnance de l'exil et de la souffrance, c'était une invitation aux transports de l'esprit et des sens, comme le suggérait si justement Charles Baudelaire. J'aimais sa voix douce et la pudeur de ses lectures, je la trouvais belle, appréciais la densité tragique de ses mots et ses lèvres pâles qui me souriaient pour me protéger de leur violence. Et nous prîmes l'habitude de nous parler une fois par jour. Je crois que nous comprenions nos sentiments naissants. La pandémie tenait parfaitement son rôle, qui nous éloignait des corps et nous rapprochait des visages. Me regardait-elle comme je la regardais ? Attendait-elle, comme moi, le rendez-vous de quinze heures trente ? Avait-elle capturé ma photo sur son écran, comme moi, à son insu ?

C'étaient nos différences, plus que nos convergences, que nous abordions, comme si nous devions, dans le cadre de notre amitié, nous débarrasser le plus rapidement possible de tous les obstacles qui nous séparaient – l'animosité de l'Histoire et de la Géographie – avant de nous émerveiller du miracle de ce qui nous rapprochait et faisait de nous deux personnes si différentes et envoûtantes l'une pour l'autre et, j'espérais secrètement, l'un pour l'autre.

Le confinement fut levé. À Bneï Brak, les ultraorthodoxes tombaient encore comme des mouches, à Umm el Fahm aussi et dans tout le Wadi Ara où l'on refusait obstinément la vaccination, par méfiance envers l'État tout autant que par confiance en la miséricorde du Tout-Puissant – Elohim Gadol – Allah Akbar.

Nous avons mis à profit cette liberté concédée par Pfizer, que je connaissais alors pour son viagra et les spams étoilés qui remplissaient la poubelle de mon ordinateur, pour obtenir un rendez-vous avec un des multiples responsables des technologies pédagogiques du ministère, un certain Maoz Tzur, qui ne semblait pas être une lumière, ou la flamme était-elle peut-être étouffée par la largeur de sa kippa tricotée probablement par sa fille. En matière de technologies, Maoz en était resté au marque-page et au lutrin.

Le fonctionnaire était venu nous chercher dans le hall de l'édifice de la rue des Tribus d'Israël, juste après le sas de sécurité. Son badge pendait sur le renflement de son estomac. Sa calvitie était donc coiffée d'une large kippa crochetée par les mains, que j'imaginais juvéniles, d'une étudiante d'un séminaire national-messianiste, planté comme une baïonnette dans le flanc rocailleux de leur « Grand Israël ». C'était un religieux moderne qui ne serrait pas la main des femmes et n'accordait d'importance qu'à son interlocuteur masculin, en l'occurrence et dans ces circonstances : moi. Un religieux moderne qui n'avait pas de barbe mais arborait un rasage approximatif, ne portait pas de kaftan mais un jean Levi Strauss, qui cachait les premiers centimètres de sa braguette sous un abdomen d'amateur de junk food. Maoz Tzur restait très vague sur ses attributions au sein de la hiérarchie du ministère, tout juste pouvait-on déduire au terme d'une présentation faite dans la cabine d'un ascenseur qu'il travaillait au sous-département « Pédagogie – projets et solutions » et qu'il codirigeait la section informatique du service études « Communautés et pédagogies ».

Alors qu'il marchait d'un pas décidé vers son bureau qui semblait se trouver, tout en étant dans le même bâtiment, à l'autre bout de Jérusalem, j'eus le temps de glisser à l'oreille de Samia que notre visite, à elle seule, devait justifier son salaire mensuel. Son parfum était discret, sa crinière brillante et souple sentait le shampoing. C'était la première fois que nos visages se touchaient et je me mis à rire bêtement de ma remarque pour dissimuler mon frisson.

Le bureau exigu ne possédait qu'une demi-fenêtre à cause d'une cloison et une seule chaise à cause de l'autre cloison. J'approchai la chaise de Samia, ce qui fit que Maoz retarda de quelques secondes son effondrement dans un fauteuil directorial des années 90 du siècle dernier. En faisant semblant de trier les papiers dispersés sur son bureau, il consulta son bracelet-montre et marmonna suffisamment fort pour que nous l'entendions : « Je n'ai qu'un petit quart d'heure à vous consacrer… le boulot… le boulot… Donc, dit-il en relevant la tête, de quoi s'agit-il ? »

Je balbutiai : « Nous vous avons envoyé, avec notre demande de rendez-vous, le PDF de notre plaquette et, si vous nous le permettez, nous voudrions vous présenter notre descriptif… »

Samia avait sorti son laptop de sa sacoche et cherchait un endroit pour le poser. Devant l'absence d'aide de notre interlocuteur, mon amie, avec un certain toupet très local, plaça l'écran face à Maoz, se leva pour se positionner à sa gauche et cliqua sur l'icône PowerPoint. Le gars était médusé, comme victime d'une immixtion intempestive dans son territoire, ou pire, d'une agression sexuelle. Malgré le découragement qui m'avait déjà assailli le long des corridors du ministère, je ne pus m'empêcher de trouver la scène comique.

— Vous savez, nous dit-il, tout ça me semble très bien, très prometteur, très… convivial… l'usage, bien sûr. L'apprentissage de l'usage c'est très important.

— Il n'y a pas d'apprentissage pour utiliser notre plateforme, n'importe quel gamin qui sait lire peut y avoir accès aussi facilement qu'à Super Mario ou aux Pokémon.

Samia avait répondu d'un ton cassant qui m'alerta sur son degré de résistance à la bêtise.

On pouvait laisser tomber le ministère, avons-nous jugé d'un commun accord devant une assiette houmous brochettes, au shouk Mahané Yéhouda, et deux canettes de bière hollandaise. Samia et moi partagions, pour ne pas bien connaître Jérusalem, un même imperceptible désagrément à nous retrouver ici. Alors que nous commandions notre seconde bière, j'allumai un petit stick d'herbe. J'en avais toujours une dizaine, prêts à la consommation, dans ma boîte métallique argentée. Samia n'avait jamais fumé bien que, durant ses études à Haïfa, les occasions n'aient pas manqué. Elle toussa naturellement à la première bouffée. Son beau visage se colora de rose et ses yeux se mouillèrent d'un ruisseau frais descendu du Gilboa. L'herbe nous ouvrit un appétit sucré qui dirigea nos pas, après inspection de nos smartphones, vers ce qui était censé être l'une des meilleures pâtisseries de la ville. C'est un Français qui eut nos faveurs et c'est dans les jardins de la mairie que nous bûmes notre café et mangeâmes nos croissants aux amandes. Samia refusa le deuxième joint que je lui tendais.

— Qu'est-ce qu'on fait maintenant ?

Cette question, que nous ne nous étions pas posée jusqu'alors, portait en elle les germes d'une pause dans nos échanges, nos rencontres, et je crois bien que ni elle ni moi ne tenions à y répondre.

— Je te raccompagne à Umm el Fahm.

Mes appels réguliers et désespérés au ministère s'avérèrent inutiles. Notre projet n'était pas retenu à cause de sa similitude avec une autre application en cours de développement, en collaboration avec le Forum Kohelet, un think tank réactionnaire.

La surcharge de travail due à la politique Covid dans l'enseignement nous assignait à résidence du matin au soir. Je n'avais plus le temps pour rien. Les examens de fin d'année approchaient et je faisais cours jusqu'à tard à mes classes de terminale, y compris en les accueillant au kibboutz.

Si j'avais enterré le projet qui m'avait tenu éveillé durant plus de deux ans, je ne cessais de penser à Samia tout en me refusant à l'appeler. J'avais bénéficié de deux ans pour expliquer mes sentiments et je n'avais pas su m'y prendre. Mes parents avaient-ils raison de dire que les sexes ne savaient plus communiquer entre eux ? Que les hommes s'étaient mis à craindre les femmes, alors que les femmes craignaient toujours les hommes ? Et ils en voulaient pour preuve la vitalité de l'homosexualité. Ce n'était, à leurs yeux, qu'un communautarisme de plus, un sectarisme, avec drapeau et territoire et ennemis. Depuis mon divorce, je m'étais accommodé d'une libido à basse consommation, que je ne satisfaisais que très rarement et toujours d'une main hésitante.

C'est Samia qui renoua notre relation interrompue six mois plus tôt, à la fin d'une belle journée d'hiver à Jérusalem. Son mari était décédé du Covid, deux semaines auparavant. Le prix à payer quand un fumeur de près de soixante cigarettes journalières, que Pfizer, Moderna et le ministre de la Santé, le rabbin Yankélé Noah Litzman, n'avaient pas réussi à convaincre, rencontrait la minuscule boule rouge hérissée de mille tentacules.

Elle avait besoin de moi. Les parents de Djamil entendaient lui reprendre Noor qui n'était pas sa fille biologique mais qu'elle avait toujours élevée. Elle me téléphonait de chez sa collègue de Haïfa, où elle s'était réfugiée. Elle pleurait mais sa voix était celle d'une femme décidée à se battre.

— Peux-tu venir nous chercher ? Je n'ai plus de voiture, je n'ai plus de maison, je n'ai plus rien.

J'ignorais si ce que je faisais était illégal, intrépide, ou idiot, mais je le faisais non seulement sans angoisse, mais avec une certaine allégresse que je ne me connaissais pas. Jamais la route n° 6, que j'avais rejointe par Kfar Qara, ne m'avait semblé aussi blanche, rectiligne, comme une prothèse dans un corps vivant. Mon cœur battait plus vite comme celui d'un nouveau-né. Qu'allais-je faire, la serrer dans mes bras, la rassurer par ma présence dévouée ? Je roulais vite, comme jamais je n'avais roulé, comme un abruti de héros de film, mais ça je ne l'ai pas pensé immédiatement, je n'avais pas de recul sur ce qui se passait. Samia, une jeune femme que je connaissais finalement très peu et qui, depuis notre première rencontre syndicale, visitait mes nuits avant l'endormissement, des moments tellement fréquents de solitude que je les considérais comme de l'ennui et qui étaient devenus rêveries.

Samia était à présent à mes côtés et Noor comptait peut-être les voitures qui la séparaient d'un endroit inconnu. Devant l'enfant qui comprenait si bien l'hébreu, nous ne parlâmes pas durant le voyage.

J'habitais un grand deux-pièces construit alors que je pensais commencer une vie de couple. Le jardin qui l'entourait jusqu'au grillage du verger de grenadiers était une zone non explorée, peuplée de blé sauvage grillé par le soleil et, en son centre, un pamplemoussier planté par mon père trois ans auparavant abandonnait ses fruits à la pourriture.

Je laissai ma chambre à Samia et Noor avant de sombrer dans un sommeil moelleux comme une chair parfumée de sel et de soleil.

Samia n'avait pas tout expliqué au téléphone. Au décès de Djamil, la tente de deuil devant son immeuble avait été dressée. Durant les trois jours qui avaient suivi, le frère cadet de Djamil, Nayef, son épouse Leïla et leurs trois fils s'étaient installés dans l'appartement. Nayef était un militant islamiste, un conseiller municipal, et un homme psychorigide, qui retira des murs les miroirs et les photos de Noor et Samia, et purgea la bibliothèque des livres en hébreu et de ceux qui, en arabe, méconnaissaient la voie du Prophète. La propriété était celle de la famille, ils y emménagèrent en suggérant à la belle-sœur de retourner chez sa mère et d'attendre patiemment dans la prière un nouvel époux que Nayef, il s'y engageait, lui proposerait et qui serait, il en était persuadé, cher à son petit cœur d'oiseau blessé.

Comme nombre de mes contemporains, sans mon uniforme, je ne connaissais de l'islam que sa radicalité, une vague idée de la charia qui me faisait penser à la halakha des ultraorthodoxes, et donc la réaction du frère de Djamil ne m'étonna pas. Mon arrière-grand-père, un hassid de Belz, n'avait-il pas dit le kaddish des morts lorsque son fils, mon grand-père, avait rejoint la Palestine dans les rangs des socialistes sionistes des Poaleï Zion ?

Si moi je ne connaissais pas Umm el Fahm, Samia, elle, n'avait jamais vu l'intérieur d'un kibboutz : la fabrique d'un nouvel humanisme socialiste… la plus belle réussite sociale depuis la sortie d'Égypte, le cœur battant du sionisme.

— Ça ressemble, excuse-moi si je te choque, me dit-elle alors que nous nous promenions avec Noor dans les allées désertes et ombragées de Kfar Avraham, ça ressemble plus à un village de vacances pour classes moyennes dans une série de Netflix qu'au laboratoire socialiste imaginé par vos ancêtres.

Je ne pouvais guère la contredire. Je n'avais jamais connu mon kibboutz autrement, mis à part les photos que mes parents avaient précieusement conservées dans des albums plastifiés offerts par « Photo – Herzl Express – Haïfa ». Le passé pionnier n'était pas le mien. J'étais né avec le complexe hôtelier Zimmer Ba Kfar, la piscine azur, le spa, la gastronomie végétarienne et l'extension périphérique de bungalows californiens où j'habitais aujourd'hui.

Noor fit sensation en s'asseyant au piano droit de l'ancienne salle à manger collective, devenue musée pour nostalgiques des temps anciens et, à l'occasion, night-club pour fins de noces.

La gamine joua les préludes n°s 1 et 2 de Scriabine et ses petits doigts, qui en ralentissaient le tempo, les rendaient infiniment tristes et tirèrent quelques larmes à deux ancêtres qui achevaient une partie d'échecs sous la grande fresque qui, dans la plus pure tradition du réalisme socialiste, retraçait l'histoire de Kfar Avraham de 1922 à 1972.

Le mazkir[1] était ennuyé par ma requête. Ce n'était pas un mauvais gars. En fait, je ne le connaissais quasiment pas, même si j'avais voté pour lui à l'AG. C'était une pièce rapportée, marié à une camarade de la génération de mes parents. Depuis son échec aux élections générales de la Knesset, il était huitième sur la liste du Meretz qui n'arrivait plus à dépasser les quatre mandats, l'homme était aigri. Je lui avais expliqué la situation de Samia et de Noor et il m'avait répondu que j'étais un gentil garçon un peu con, qui risquait la prison d'Abou Kabir pour enlèvement d'enfant à l'autorité de sa tutelle légale, qui bien sûr n'était pas Samia. Il m'avait demandé un petit délai pour réfléchir et proposé de venir le voir le soir même, après le dîner, chez lui avec mon « amie », d'ici là, il tenterait d'être plus intelligent et un peu moins désinvolte que moi.

Le soir venu, après avoir laissé la garde de Noor à un couple d'amis, nous nous sommes rendus chez le secrétaire du kibboutz.

Affalé sur le canapé en cuir craquelé, je reconnus Fayçal, un de nos représentants dans l'étrange gouvernement d'union nationale. Il nous observait avec ironie.

— Votre histoire d'amour est bien mal partie, si je peux me permettre.

Samia tenta de protester, en vain, il ne lui laissa pas la parole.

— Inutile de vous expliquer, vous n'êtes pas les premiers. Vous vous croyez originaux ? Le fait est, dit-il en s'adressant à Samia, que tu n'as pas le droit de retirer l'enfant à la famille de son père, même si j'ai bien compris

1. Secrétaire du kibboutz.

que ton beau-frère, que je ne connais que trop bien, est un sale con de fanatique. Il gagnera devant les tribunaux et vous deux, vous aurez de la chance si vous ne finissez pas en taule. La justice des juifs ne vous aidera pas, elle ne rentrera pas en conflit avec les traditions et qu'importe si Noor est élevée en chahida, en martyre, plutôt qu'en concertiste internationale.

Samia pleurait.

— Noor veut rester avec moi, elle est ma fille, je l'ai élevée depuis sa naissance, à la mort de sa mère…

Retrouvant un peu de l'humanité originelle qui fait si souvent défaut à ceux qui ont l'habitude de manipuler des équations sociologiques, Fayçal ne nous laissa pas sans nous assurer qu'il allait faire quelque chose et qu'il en discuterait avec un juge de ses amis, considérant que l'équilibre psychologique de Noor et son bonheur étaient plus importants qu'un droit patriarcal, religieux, primitif et violent – une échappatoire judiciaire cependant très périlleuse, compte tenu de la jurisprudence que cela occasionnerait, qui générerait l'opposition plus que probable des ultraorthodoxes et de la conseillère juridique du gouvernement.

À six heures du matin, des flics secouèrent sans ménagement mon hamac dans lequel j'avais dormi en pointillé pour laisser mon lit à Samia et Noor. Le secrétaire du kibboutz et le camarade responsable de la sécurité, ébouriffés, pieds nus, les accompagnaient. Le plus gradé, le plus vieux et aussi le plus petit, qui ne formaient à eux trois qu'un seul uniforme, se saisirent de mon poignet avec rudesse, pendant que deux policières déguisées en fausses blondes pénétraient chez moi.

Samia et Noor n'étaient pas là et le lit n'avait pas été défait.

Au poste de police de Hadera :

PSAUMES ?

« T'inquiète pas, on va la retrouver ta pute ! »
« Elles sont chaudes comme des braises ces salopes… »
« Quoi… les p'tites chattes juives, t'aimes pas ? »
« J'parie qu'y s'faisait la gamine aussi, ce pédé. »
« C'est d'la merde de gauchiste, l'a qu'à aller vivre à Damas ! »
« M'excuse mais le distributeur d'eau froide ne marche pas… »

Le lendemain, un site internet d'informations nationales titrait « Roméo et Juliette modèle 2022 », et un autre, moins romantique, d'inspiration ultraorthodoxe juive, tendance école talmudique Poniowicz, insistait sur le rapt criminel d'une enfant que l'on dérobait à sa religion et aux traditions de sa famille.

Le juge de Fayçal me fit transférer à Jérusalem, dans les célèbres cages insalubres du Migrash HaRussim. Le temps de me faire casser le nez et fendre la lèvre supérieure, le temps de passer une nuit plus blanche qu'un carré de Malevitch, dans la puanteur d'urine et d'eau de javel, sous les petites pattes des gros cafards et les suçons des punaises, j'étais libéré sous caution, une caution payée par Fayçal, et renvoyé dans mes pénates.

Le responsable de la sécurité du kibboutz et le mazkir avaient réuni pendant mon incarcération un comité disciplinaire d'urgence pour traiter des problèmes que mon comportement extravagant causait à la communauté, autrefois socialiste, humaniste et laïque.

Ma camarade d'enfance, Ariela, qui présidait la

commission santé, me tint, à mon retour, au courant des débats qui n'avaient pu aboutir à une décision, mais, dit-elle :

— Ce n'est pas tant le bordel politique que ton histoire de cul aurait provoqué qui les préoccupait que, je te le donne en mille…, l'idée qu'une arabe, si tu décidais de vivre avec elle bien sûr, devienne membre du kibboutz. C'est pas mignon tout ça ?

Le 2 novembre, coïncidence : c'est au lendemain de la victoire de Netanyahou et de sa coalition brune et noire que j'embarquai à l'aéroport Ben Gourion pour Berlin, où je retrouvai Samia et Noor qui m'attendaient, emmitouflées comme des babouchkas russes.

LA DISPUTE DE PETAH TIKVA[1]

1. Ville proche de Tel-Aviv dont le nom signifie « Porte de l'espoir ».

Elle avait observé son beau-père, assis sur les marches de l'escalier qui mène au jardin. La lumière jaunâtre du spot extérieur dessinait une auréole sur sa crinière blanche nouée en catogan. Comme il faisait frais, elle referma la porte-fenêtre du balcon et se recoucha auprès de son mari qui dormait en chien de fusil, selon sa formule, alors qu'elle appelait ça dormir en fœtus. Betzalel avait raison, elle le savait, il n'y avait rien de fœtal dans sa position, Betzalel était un félin blessé, souvent terrorisé, qui taisait des souffrances qu'Hadassa connaissait d'autant mieux qu'ils ne s'étaient pas quittés depuis leurs seize ans et qu'elle avait été le témoin de ses trois années d'armée, et surtout de la dernière, marquée par six mois dans les territoires aux côtés des hommes de la sécurité intérieure.

Elle entendit les pas lourds de son beau-père qui rejoignait la chambre d'amis en sifflotant *Chicago* de Graham Nash. Ce vieil hippie américain touché par la foi avait quelque chose de terriblement étrange et pourtant pas si paradoxal que cela pouvait sembler. Les hippies n'étant pas des « ni Dieu ni maître », selon ce qu'elle avait compris, mais plutôt des « herbe et gourou ». Josh Lipkin était de ceux-là. De Woodstock à la Torah du rabbi de Breslev, l'herbe avait toujours accompagné son existence.

Pour le connaître depuis son plus jeune âge, Hadassa avait toujours eu de la sympathie pour Josh, qui était si différent de ses parents à elle. Josh jouait de la guitare, portait des jeans et des sandales, partageait ses joints et son amour de CSN&Y avec ses deux fils, dont le dernier, Betzalel, alors que ses parents à elle étaient des petits commerçants bourgeois de Ramat Gan.

Josh avait en apparence un judaïsme joyeux, sioniste, mystique et humaniste, comme le recommandait son maître Nachman de Breslev, avec, ce qui le différenciait du reste des disciples et sectateurs un peu ébranlés du cerveau, une connaissance approfondie de l'influence des Lumières sur la pensée de son maître.

Josh était né en 1950 à Hoboken, New Jersey, fils unique de juifs de la deuxième génération, laïcs et démocrates, tendance Johnson, fans de Danny Kaye, de Benny Goodman et adeptes des mois d'août dans les Catskills.

De Woody et Arlo Guthrie au mysticisme, il n'y avait qu'un pas… se choisir un gourou. C'est en 1974 que, en s'installant à Jérusalem avec sa compagne Pat, future mère de Ben'zion et Betzalel, ils rencontrèrent la pensée du tsadik de Ouman, le rabbin Nachman. Ce hassidisme sans contraintes puisque sans descendance ni institution tutélaire était la voie royale pour Josh et son épouse, la clé pour un espace de liberté et un contenu puissant d'espérance en l'Homme.

Le couple de hippies était tellement convaincu de la justesse de leur vision du monde qu'ils ne s'étaient jamais inquiétés de persuader leurs enfants.

L'aîné, Ben'zion, avait décidé à dix-huit ans de prolonger ses vacances chez ses grands-parents maternels de Riverdale et de devenir un bon citoyen américain pacifiste plutôt qu'un soldat de Tsahal, quant à Betzalel, le timide matheux du Gymnasia, seul l'amour de Hadassa lui servait d'idéologie ou de foi, c'était au choix.

Depuis la mort de Pat, Josh passait les shabbats chez son fils sans exiger de quiconque qu'il le respecte. Il ne voulait pas les embêter.

Il n'avait pas été un très bon père, trop occupé à jouir du « tout » pour prendre garde au particulier. Avec sa tête de patriarche biblique égaré dans le XXIe siècle, il ressemblait de plus en plus à une victime du syndrome de Jérusalem.

Il n'avait pas non plus, avant la mort de Pat, été un formidable grand-père. Il était du genre, non seulement à ne pas se souvenir de la date des anniversaires de ses trois petites-filles, mais aussi à s'en moquer avec sa sempiternelle phrase : « C'est à la fin que l'on célèbre, pas au début ni au milieu », ce qui avait le don d'énerver Hadassa et Betzalel, d'autant plus qu'il se sentait obligé d'expliquer que dans la tradition juive on ne fêtait l'anniversaire que des morts, « car c'est seulement à la fin que l'on sait apprécier la vie d'un homme. D'ailleurs, ajoutait-il, dans la Torah, le seul anniversaire dont on fait mention est celui de Pharaon, le persécuteur des hébreux… On peut même imaginer que maman Adolf a joyeusement fêté les anniversaires de son fils… »

Depuis la mort de sa femme, qui avait finalement été l'unique récipiendaire de son amour jusque-là, Josh s'adoucissait comme le poil de sa barbe, qui était passé du poivre et sel épais à une blancheur duveteuse.

Josh s'était levé le premier pour aller à la synagogue et prier à l'heure où la nuit renonce à son empire. Lorsqu'il rentra, Hadassa était dans la cuisine en pyjama, assise en train de boire son café, un genou sous le menton.

— Si ça ne te fait rien, motek, je vais manger et j'irai me reposer un peu.

— C'était comment à la schule, ce matin ?

— Rapide, efficace, pas de chichis, pas de discours.

— C'est ça que tu aimes, prier tôt ?

— Oui, absolument, ça me permet de me concentrer sur ce que je dis et de ne pas m'éparpiller dans les bavardages, les histoires de préséances, les sermons, les bar-mitsva et autres célébrations bruyantes, dans les effluves du kugel aux pommes de terre qui chauffe sur la plaque et ceux du saumon fumé aux câpres et aux oignons sortis trop tôt du frigidaire…

— Tu aimes prier…

— Je ne prie pas, Hadassa, je ne demande rien au Créateur de l'univers, je prononce seulement les mots immémoriaux qui me font entrapercevoir Sa grandeur et l'étendue de Sa création, rien de plus.

— Et comprendre plutôt que d'entrapercevoir ?

— Comprendre ? Mais Hadassa, je ne comprends pas les trois quarts de mes semblables et l'autre quart parle une langue que je n'ai pas apprise, alors comment veux-tu que je comprenne les desseins du Créateur ? Par contre, ce que je peux faire, ce que nous pouvons tous faire, c'est différencier le bien du mal et crois-moi ce n'est pas simple.

— Mais n'est-ce pas dans la nature de l'homme de les confondre en faisant des compromis ?

— Certainement, tu as raison.

— Dieu ne dit-il pas lui-même après le Déluge que l'homme est finalement né mauvais[1] ?

— Les conceptions du cœur, pas celles de l'esprit. Et même s'il s'agissait des deux, il est préférable de commencer par le bas en vue d'une élévation, plutôt que par le haut, avec ce que l'on sait de la loi de l'attraction.

Hadassa avait ri d'un éclat franc et gai.

— Tu ne devrais pas rire. En fait excuse-moi, je n'aurais pas dû dire ça de façon humoristique.

— Je ne riais pas de tes mots, mais de ta foi inébranlable en la progression morale de l'homme, alors que ce que je vois, c'est justement le recul incroyable que toi et les religieux faites subir à l'évolution éthique des habitants de ce pays.

— Et tu l'as vu où ? questionna-t-il mi-amusé, mi-vexé.

— Tous les jours, tout au long de la route, sur les affiches, au cul des autobus, aux balcons des immeubles.

— Sois plus précise.

— De la campagne contre l'avortement à la haine des arabes en passant par la venue du Roi Messie…

— Je t'arrête tout de suite. Qu'est-ce que le Messie vient foutre ici ? Tu es pour l'avortement mais contre le gavage des oies, ce sont des opinions… Quant aux arabes, j'imagine qu'on attend qu'ils ne nous haïssent plus, avant de songer à les aimer. Mais je ne vois pas pourquoi le Messie te semble si dangereux, c'est une promesse, en quoi une promesse ferait-elle reculer l'éthique humaine ?

1. « Car les conceptions du cœur de l'homme sont mauvaises dès son enfance », Genèse VIII-21.

— Le messianisme, Josh, c'est ce qui a corrompu notre rêve sioniste.

— Dès le départ, alors ! Parce que sinon pourquoi choisir de revenir ici, plutôt qu'en Ouganda, en Argentine ou au Birobidjan ?

— Je suis d'accord avec toi, c'est en effet depuis le départ. C'est la victoire du sionisme de l'Europe orientale, des ghettos et du shtetl sur le sionisme occidental urbain et émancipé de Herzl et Nordau.

— Pour le plus grand bien d'Israël, Hadassa.

— Mais merde, Josh, c'était un projet politique d'émancipation, Josh, qui a été transformé en mystique... tout a été fait pour mettre Dieu dans cette histoire, de pogroms en shoah, du miracle du désert refleuri à celui de la victoire en six jours chrono...

— Tu sais, je suis arrivé avec Pat après la guerre du Kippour et l'ambiance n'était pas au messianisme, crois-moi.

— N'est-ce pas ce que tu nommes les convulsions qui précèdent la venue du Messie, ça se chante même, non, je me trompe ?

— Ne sois pas si agressive Hadassa...

— Je ne suis pas agressive, du moins pas plus que toi, ni dans mon ton, ni dans les mots que je choisis.

— Mais tu cherches à me heurter comme une enfant.

— Comme une enfant !!! Vois-tu, Josh, ce qui me heurte en tant qu'adulte et en tant que femme, c'est l'infantilisme des hommes qui, comme toi...

— Je t'en prie, Hadassa, ne me traite pas de machiste, parce que...

— Parce que t'es un hippie, que tu fumes de l'herbe

que le gouvernement importe pour toi et les nouveaux besoins médicaux de la nation ?

— Quelle ironie, ma bru chérie !

— Ah oui ! Alors excuse-moi, je n'aurais pas dû dire ça de façon sarcastique. C'est ton registre, pas le mien.

— Alors quand bien même tu dirais vrai, quel est le problème à croire que D.ieu[1] participe de nos espoirs ? Explique-moi, Hadassa ?

— Parce que Gott n'est pas mit uns, et lorsqu'on mélange patrie et Dieu, il faut s'attendre à ce que les hommes en fassent un usage désastreux.

— Ça y est, le point Godwin !!! Tu me lances les Allemands à la tête. (Sourire.) Bientôt je serai un judéo-nazi. (Le père de Betzalel gardait ce ton doux de philosophe inoffensif qui exaspérait Hadassa depuis ses seize ans.)

— Le point Godwin est une connerie, c'est une interdiction de penser l'histoire et de renvoyer les salauds à leurs fondamentaux. Dieu est avec nous, cela te choque ? Occuper violemment Hébron et penser que cela précipitera la venue du messie ne te semble pas un oxymore ?

— Wahoo ! Oxymore, comme tu y vas, madame la professeure !

— Ce n'est pas une réponse, Josh. Fais-moi plaisir, laisse tomber la condescendance des cheveux blancs. Vos histoires de convulsions, de violences prémessianiques ne sont seulement, au mieux, qu'un prétexte pour faire patienter les juifs dans l'horreur, la haine, sans les désespérer. Au pire, c'est une justification a priori de la violence qu'ils feront subir aux autres, une sanctification de leur

1. Le point entre le D majuscule et « ieu » sera utilisé lorsqu'un religieux s'exprimera ou lorsque le contexte sera éminemment religieux.

détestation. Le messianisme a corrompu le sionisme. En fait d'Altneuland[1] nous avons fait Neualteland. Nous sommes restés ghettoïques.

— Excuse-moi si je t'ai donné l'impression d'être condescendant, tu sais bien que tu es comme ma fille et la meilleure chose qui soit arrivée à Betzalel. Depuis que tu me connais, tu sais que j'observe les commandements et que croire au Messie n'est pas un choix mais une des treize obligations définies par Maïmonide...

— Quel Messie ? Celui qui ne peut naître que de la souffrance ? Celui qui prend la forme d'un roi, ou celui des chrétiens, qui fait un aller-retour jusqu'au bain de sang final de Har Megiddo[2] ?

— Ne fais pas comme si tu ignorais ce que je pense, tu sais très bien que je ne prône ni violence ni haine, que je ne veux le mal de personne sur terre. Je te trouve injuste, pour ne pas dire blessante.

— Ce n'est pas une réponse, Josh. Personne n'élève la voix, personne n'est injuste autour de cette table. Si j'étais injuste je dirais que c'est la fumette qui embue ton esprit pourtant si affûté, mais j'ai tellement d'amis qui fument et pensent comme moi que ça, ce serait injuste. Ce que je veux que tu comprennes, Josh, c'est que ce pays est devenu une déception alors que durant deux mille ans il a été un espoir pour tant de juifs persécutés, humiliés, gazés. C'est une faillite. (Elle avait les larmes aux yeux.)

— Si, tu es injuste, je ne suis pas « Gott mit uns » mais éventuellement « in God we trust ». (Sa réplique fit sourire

1. « Vieux-nouveau pays », d'après le titre du livre de Theodore Herzl qui théorise le sionisme, et donc son inversion : « nouveau-vieux pays ».

2. Le mont de Megiddo ou Armageddon.

tristement Hadassa.) Et tout ça parce que nous croyons en la venue du Roi Messie ?

— Le prophète Samuel ne voulait pas d'un roi pour Israël et Dieu non plus, il a dissuadé les juifs de faire comme les autres nations… alors le Roi Messie ! On se croirait dans une procession catholique espagnole ! D'ailleurs je ne m'étonnerai pas si demain le beth-din devient un tribunal d'inquisition.

Josh laissa la dernière sentence tomber sans y répondre. Il alla se servir une tasse de café de son thermos préparé la veille et attraper derrière les boîtes de corn flakes au garde à vous sur le frigidaire un petit sac rempli de cookies à l'herbe, préparés avec grand soin chez lui.

— Tu es sûr que tu n'en veux pas un ?

— Non Josh, pas le matin à jeun, je dois être capable de tenir la place que Betzalel et toi allez abandonner, à savoir m'occuper des filles et conduire la voiture à destination.

— Vous allez où aujourd'hui ?

— Au kibboutz, voir nos amis, tu sais, Leah et Yitzik…

— Bien sûr que je me souviens d'eux, passe-leur le bonjour de ma part. Combien ont-ils de gosses ?

— Deux, Leah attend le troisième pour juillet.

— Ken yirbou[1].

Le pas rapide et sportif de Betzalel résonna dans l'escalier de bois. Il salua son père d'une tape dans le dos et embrassa avec beaucoup d'affection son épouse.

— Les filles dorment encore ? s'étonna-t-il en grattant sa tignasse déjà grisonnante.

— Elles ont fait les folles jusqu'à pas d'heure dans la

1. « Qu'ils se reproduisent. »

chambre de Tamar, alors préviens Yitzik que l'on n'arrivera pas au kibboutz avant treize heures.

— T'as des cookies, dad ?

— Sers-toi, mais j'ai l'impression que Hadassa n'a pas envie de conduire, alors peut-être que ça peut attendre ton retour.

— C'est vrai ça, Hadassa ? Mais tu sais que je conduis bien quand je suis un peu stone.

— Mais je n'ai rien dit, c'est ton père qui interprète, par contre, il a raison, tu ne conduis pas : primo, on a trois filles, je te rappelle, et secundo, tu sais très bien qu'un cookie, surtout ceux de ton père, on sait jamais quand il commence à faire effet.

Josh chercha, dans le frigidaire privé de lumière, deux tranches de fromage jaune prédécoupées, extirpa du sac en plastique deux tranches de pain gris prédécoupées, se confectionna deux sandwichs avec un supplément de poivre moulu et se dirigea un peu chancelant vers le jardin. Hadassa nota la tendresse du regard de Betzalel qui suivait les pas de son père.

— Il va dans le jardin léviter. Ton père confond élévation et divagation.

— Tu es vraiment injuste, c'est juste un mystique qui s'imagine que Frank Zappa dirigera dans les temps futurs l'orchestre des chérubins.

Ils rirent, réveillèrent les trois sœurs, leur firent avaler leurs corn flakes, leurs toasts, leurs œufs au plat et leur choco. Hurlèrent pour qu'elles se dépêchent de choisir leurs vêtements et de lâcher leurs smartphones. Arrivèrent à treize heures quinze au kibboutz Kfar Avraham. Yitzik attendait Betzalel pour lancer le barbecue. Les petits mecs de Leah accueillirent les filles de Hadassa par un petit geste qui ne mettait pas en danger la poursuite de leur « game ». Leah trimballait son gros ventre avec la fierté de celle chez qui ça se voit. Ils déjeunèrent sous la tonnelle de jasmin puis promenade familiale. Les filles voulaient voir les vaches de l'étable, les garçons voir leurs copains. Un petit veau était né la veille. Les sœurs lui donnèrent le biberon dans la paille fraîche et piquante et rendez-vous pour la prochaine visite, en semblant ignorer qu'il serait déjà débité en rôti, viande hachée, côtelettes, et pâté bio pour les chiens de race de Tel-Aviv.

Shabbat était achevé lorsqu'ils rentrèrent avec cette vague boule au ventre et ce mal-être qui vous envahit à la veille d'une nouvelle semaine.

Josh, un joint au bec, sous l'olivier scrofuleux, était plongé dans la lecture d'un bouquin académique sur le Bien et le Mal dans la pensée juive. La lumière jaune lui dessinait une auréole au sommet du crâne.

Ils dînèrent des restes abondants du shabbat. Josh lut un chapitre entier des aventures de Nils Holgersson à ses petites-filles qui semblaient n'attendre que le moment où elles retrouveraient leur smartphone et leur application TikTok.

Betzalel fit tourner le lave-vaisselle. Les lumières s'éteignaient une à une. Josh se sépara de ses enfants. Il enlaça longtemps Hadassa, la remercia de son accueil et de sa franchise aussi. Cette embrassade tendre et émouvante rassura Betzalel et pourtant Josh ne revint plus jamais le shabbat visiter sa famille.

YOAV ET MAYA

Yoav avait paniqué inutilement. Sa demande de renouvellement de passeport avait été validée et un rendez-vous fixé au ministère de l'Intérieur, rue Shlomzion Hamalka.

Il s'y était rendu et, si l'on excepte les huit heures d'attente dans une salle bruyante et puante et l'irritation du personnel, on peut affirmer que ça s'était bien passé. La photo d'identité était horrible. Avec sa tonsure précoce, une barbe de deux jours et sans ses lunettes, Yoav avait une tête de repris de justice.

Maya, son épouse, avait ri pour la première fois depuis longtemps. Heureusement que son passeport était encore valide deux ans. Elle s'était évité l'angoisse d'avoir à en réclamer un et à refaire une photo qui la montrerait plus pâle et plus cernée que huit ans auparavant.

L'appartement que le couple possédait rue Nili, à la frontière entre le quartier de Kiryat Shmuel et celui de Katamon HaYeshana, était un coin de rêve. Un rêve qui avait duré plus longtemps que la moitié de leurs vies. Trente ans qu'ils avaient acheté ce rez-de-chaussée de trois pièces avec un minuscule jardin. Ils y avaient vécu serrés avec leurs trois fils, Segev, Benny et Avshalom. La maison leur semblait bien vide depuis leur départ. Segev enseignait à présent le tanakh'[1] dans un lycée de Yeruham, Benny finissait son droit à Tel-Aviv et Avshoush, le petit dernier, avait deux ans d'armée à achever, deux ans dans les commandos Golani.

Maya était une solide femme brune du kibboutz religieux Sa'ad, infirmière en oncologie à l'hôpital Hadassa de Beït HaKerem, et Yoav, né à Jérusalem, était le rabbin de la communauté réformée de Reh'avia et enseignait l'histoire des religions au Centre d'études juives Schechter. Ils s'étaient rencontrés de manière peu romanesque lors d'une conférence sur la Tsedaka versus la Charité – de Maïmonide à Hobbs. Elle était belle, il était laid, elle était grande, il était petit, elle avait une crinière bouclée, il était déjà à moitié chauve, elle parlait vite, il s'exprimait lentement. Ils s'étaient plu immédiatement et mariés dans la même bousculade de sentiments.

Yoav en trente ans avait pris ses habitudes. Chaque vendredi, après les courses à la Coop et avoir acheté, chez Doudou, la demi-tonne de papier de son quotidien dans sa version week-end, il s'asseyait, pour son double expresso et son gâteau au fromage blanc chez Douvshanit. Il triait alors la volumineuse édition sabbatique de *Haaretz*. Les suppléments qui traitaient d'économie, de finance, de sport ou de mode ne l'intéressaient guère, et pas plus Maya. Il gardait cependant le sport pour les gosses, le reste il l'abandonnerait plus tard sur le petit meuble à gauche dans l'entrée du salon de thé. Il pouvait rarement achever

1. Études bibliques.

un article avant qu'un ou qu'une de ses connaissances ne vienne s'asseoir à sa table.

C'était Yoav qui préparait le repas du shabbat lorsqu'il s'agissait de cuisiner du lourd, du costaud. C'est pour ça qu'il aimait la pluie et l'hiver de Jérusalem, pour le tcholent à l'orge perlée, la t'fina harisha, le goulash, entre autres. Il l'aimait aussi parce que c'était la saison des avocats et du fenouil, des artichauts de Jérusalem ou d'ailleurs, et les prémices du printemps, les fraises sur les étals de Mahané Yéhouda.

Souvent Maya était de garde le shabbat, alors Yoav emmenait les fils au musée d'Israël après l'office de Shah'arit et avant le cours de quinze heures trente en hiver et de dix-sept heures trente en été. Parfois ils allaient au jardin botanique. Le dimanche était le jour de congé du couple, lorsque tout le monde retournait au travail, et que Jérusalem s'offrait à eux, à leur amour, à leur esprit et à leur corps.

La vie semblait simple, même lorsque les hommes de la famille partaient pour leur réserve militaire et que le plus grand, Segev, se battait dans les venelles de Rafiah' et Khan Younès ; même lorsque les autobus explosaient dans le centre de Jérusalem et que les terrasses des cafés se transformaient en cimetières. Même lorsqu'ils accompagnaient des amis, des parents, des connaissances qui enterraient leurs morts. La vie était simple et douloureuse lorsque Yoav soutenait les endeuillés. La vie était simple et merveilleuse lorsqu'il découvrait, avec Maya, ou avec un étudiant, un ch'idush : une compréhension nouvelle d'un verset, d'un mot, d'une mishna ou d'un commentaire parfois obscur. Yoav aimait passionnément sa ville, ses identités et ses architectures multiples, l'odeur âcre des caroubiers, celle de la colline des oliviers que surplombaient la Knesset et le musée d'Israël, et celle presque sucrée de la résine des cyprès qui montent la garde à l'entrée médiévale du monastère de la Sainte-Croix. Mais ce qu'il aimait le plus de Jérusalem, c'étaient ses souvenirs d'enfance, ses amis qui ne l'avaient pas quitté depuis les éclaireurs, depuis l'armée et la yeshivat hesder[1] Har Etzion du Rav Amital. Ces mêmes amis avec qui il aimait passer des soirées dans le jardin, sous la tonnelle de jasmin et la branche de pin enrobée de bougainvilliers fuchsia, à siroter les whiskies pur malt de Zvi, ou les thés à la bergamote de Dory, les vins fins de Yoël avec les feuilles de vignes farcies de Malka. Des soirées d'hiver chez Judith avec la guitare d'Idan à chanter le répertoire israélien de leur adolescence.

La vie était propre et simple même après l'assassinat de Rabin, parce que la colère était nourrie d'espoirs. Yoav et son épouse croyaient en la rédemption des hommes.

Et puis il y avait eu le 11 septembre. Alors que toute la famille avait accompagné Yoav aux États-Unis pour une série de conférences dans différentes institutions juives et non juives, les avions s'étaient abattus sur le World Trade Center. Ils dormaient encore ce matin-là, à Weston, dans le Vermont. Ils étaient arrivés de New York l'avant-veille, dans ce charmant village, pour une semaine d'excursions bucoliques, avant de repartir au pays, plus apeurés, peut-être, mais aussi plus cyniques. Yoav avait mis ces sentiments sur le compte de l'âge et probablement d'un abêtissement de l'âme que l'on nomme parfois expérience, ou vécu.

1. École talmudique d'enseignement supérieur ayant signé un contrat avec l'armée pour que des soldats puissent à la fois étudier et combattre.

Leur émancipation de l'orthodoxie juive était née de leur dialogue. Tous les deux étaient issus de familles orthodoxes sionistes et modernes qui n'avaient pas pesé sur leurs jeunesses respectives. C'était alors un judaïsme de la joie, un judaïsme bonhomme, tout en rondeur, qu'incarnait mieux que quiconque le docteur Yossef Burg. Un rabbin patriote franc et social. Leur dialogue les avait amenés à reconsidérer d'un point de vue éthique moderne les écritures, et à les interroger sous d'autres angles que ceux que la tradition institutionnelle avait mis en lumière pour d'autres considérations, plus politiques et matérielles certainement.

Lors de leurs vacances, qu'ils passaient toujours en Israël, leurs moyens financiers ne leur permettant pas de visiter le grand monde, ils partaient camper en Galilée, près de Rosh Pina ou dans le Golan, avant de passer une semaine au kibboutz Sa'ad où vivaient encore les parents et un frère de Maya. Un temps, le kibboutz avait tenté Yoav, mais Maya et la lente radicalisation religieuse l'en avaient découragé. Néanmoins, chacune de ses visites au kibboutz était comme une plongée dans les racines d'un pays encore tout neuf.

L'idée de partir loin et longtemps leur était apparue comme inévitable lorsque, dépassant toutes les limites qu'ils avaient jusqu'alors supportées, un juge « indépendant » désigné par le Premier ministre avait placé le vieux juge R'aam, l'ancien président de la Cour suprême, en résidence surveillée à son domicile, au bout de la rue Nili, où Maya et Yoav habitaient. Ce juge intègre qu'ils croisaient et saluaient lors de leurs sorties de fin de shabbat avec les gamins, lorsqu'ils prenaient l'air les jours étouffants de khamsin dans le square qui fait l'angle avec la rue des Aviateurs, au sommet de la colline de Kiryat Shmuel, ouverte à la brise hypothétique de la mer.

C'est un dimanche matin que Maya avait quitté son travail, les larmes aux yeux, vingt ans qu'elle prenait sa garde dans le service, vingt ans de passion et plus souvent encore de désillusions. Le sentiment aussi, vaniteux, d'avoir passé une vie à slalomer entre les morts sans jamais toucher les piquets et celui, plus vaniteux encore, d'avoir aidé à ne pas souffrir et parfois à guérir.

L'institut Schechter, qui n'était pas en odeur de sainteté, s'il l'avait jamais été, avait tout fait pour trouver à Yoav un emploi dans une université britannique, ou auprès des communautés réformées. Ils en avaient longuement discuté avec les garçons qui n'avaient pas émis d'objections. Segev et sa copine resteraient à Yeruham, ils voulaient continuer à enseigner et résister. Ils étaient jeunes, c'était leur devoir. Benny viendrait les rejoindre, son BA en poche. Quant à Avshalom, l'armée ne lui laissait pas beaucoup de choix et il ne déserterait pas. Ils comprenaient leurs parents, ils comprenaient que toutes les portes se fermaient devant leur père et que quelques années en Grande-Bretagne leur feraient du bien.

Ce même dimanche, un déménageur spécialisé pour l'étranger était venu chercher les cartons qui encombraient depuis un mois l'entrée et le salon. Le cadre partirait pour Southampton. Le départ était prévu pour le lendemain. Tel-Aviv-Prague-Édimbourg. Maya avait trouvé, sans problème, un emploi au Western General Hospital mais Yoav n'avait, pour l'heure, que quelques cours dans la communauté libérale de Soukkat Shalom, et peut-être à la School of Philosophy de l'université d'Édimbourg.

Les trois fils étaient venus passer le dernier shabbat à la maison. Ils avaient tous fait semblant de rire, semblant de manger, semblant de se régaler de chaque instant, qui paraissait interminable. Calanit, la copine de Segev, avait pleuré, et puis ce fut Avshalom, puis Yoav. La congrégation du Palmach' avait offert un kiddoush[1] monumental à l'issue de l'office que Yoav avait mené pour la première fois de bout en bout. Maya avait remarqué que son mari n'avait jamais aussi mal chanté, comme s'il avait une poignée de pois chiches grillés au fond de la gorge. Son fan-club – Maya avait toujours été étonnée de constater que, malgré un physique très moyen, un rabbin puisse être aussi sexy – son fan-club, donc, composé de jeunes lycéennes et étudiantes pour la plupart, avait vidé les boîtes de kleenex et commençait à utiliser les serviettes en papier du buffet.

La communauté avait souffert et bon nombre de ses membres étaient soit déjà partis à l'étranger, soit, pour une bonne dizaine d'entre eux, en jugement ou en prison ; des jeunes qui, pour la plupart, avaient participé aux manifestations.

Le kiddoush s'éternisait sans appétit. Yoav, qui n'en avait pas l'habitude, abusa de la vodka sur son estomac vide. Il chavirait. Les larmes qui boursouflaient son regard lui faisaient des paupières de crapaud. Abandonner le pays, était-ce une trahison, un acte raisonnable, un divorce à l'« ennemiable » ? Morris, qui était un des fondateurs de la communauté et avait plié bagages un mois plus tôt, lui avait affirmé que pour lui, qui était venu des États-Unis,

1. Bénédiction prononcée sur une coupe de vin, pour beaucoup synonyme de brunch après l'office.

quarante ans auparavant, avait choisi cette terre, avait choisi cette ville pour bâtir sa famille, y enraciner sa descendance, partir était la plus monstrueuse des décisions, un déshonneur que lui infligeait un pays qu'il avait aimé plus que tout et qui devenait aujourd'hui l'objet de sa honte.

À la sortie du local qui leur servait de synagogue, des jeunes qui eux avaient prié au shtiblekh'[1] de la rue Hakh'ish les avaient pris à partie. Les avaient injuriés, bousculés, retirant les kippot et yarmulke qui coiffaient aussi bien les hommes que les femmes, arrachant de leur mains sidourim[2] et châles de prière. Avshalom avait fait le coup de poing et réussi à attraper par le col un des meneurs, un boutonneux postpubère coiffé d'un stetson aux larges bords avec quatre poils au menton. Yoav avait vu la rage dans les coups de poing qu'assenait son benjamin et, avant de s'en affliger, il courut séparer les deux jeunes hommes. L'apprenti sicaire avait le nez en sang et la pommette gauche éclatée. Yoav le guida vers un petit muret où il le fit asseoir et lui tendit un mouchoir qu'il avait pu sauver du kiddoush larmoyant. Le type qui devait avoir une petite vingtaine était un avrech'[3] de la yeshiva Har Hamor. Yoav demanda à son fils de s'excuser, ce qu'il refusa. Le jeune ultraorthodoxe, dont on se demandait si c'était la douleur, la honte ou la haine qui le faisait pleurer et lui faisait sortir des bulles roses des narines,

1. Ensemble de petits oratoires où l'on peut prier à toute heure.
2. Livres de prières.
3. Étudiant à la yeshiva.

hurla un AMALEK[1] avant de s'éloigner pour tenter de rejoindre son groupe qui avait une bonne centaine de mètres d'avance sur lui.

Ce n'était pas la première fois que la communauté libérale était attaquée par des petits groupes de kahanistes venus des Katamonim ou de Givat Mordech'aï, mais elle n'était le plus souvent que la cible d'insultes et de crachats, au hasard d'une rencontre avec les religieux locaux au sortir de l'office. Les plaintes auprès de la police et du maire étaient restées lettre morte. Le ministère de la Sécurité n'entendait pas protéger les séditieux et les ennemis du peuple juif, « les faux juifs prosélytes d'Amérique ».

Il plut toute la nuit et le jardin absorbait chaque goutte avec l'avidité des assoiffés. Les chaises Keter étaient empilées en attendant le retour du soleil et la table en verre fumé ressemblait à celle d'un diamantaire à la bourse de Ramat Gan.

Yoav et Maya ne fermèrent pas l'œil de la nuit. Segev et Calanit dormaient dans la chambre du fond dans les lits jumeaux de l'enfance. Aux murs souriaient le visage d'une chanteuse qui avait dédicacé son affiche à Segev, celui de Natalie Portman qui n'avait rien signé et que Benny n'avait pas emporté avec lui, et celui de l'apprenti batteur du film *Whiplash* qui peut-être, aujourd'hui, ce matin, servait de modèle d'endurance à Avshalom pour supporter l'armée et ce qu'elle exige et sacrifie de nos enfants.

Il avait plu toute la nuit et la route qui menait comme un toboggan vers l'aéroport Ben Gourion était luisante tel un ver de terre noir, de ceux qui dégoûtent autant qu'ils

1. Amalek est la figure authentique du mal et l'ennemi éternel d'Israël.

fascinent. Dans les champs qui longeaient l'autoroute à la hauteur du kibboutz Sha'alvim, des panneaux, qui concurrençaient l'inamovible enseigne de la société de ferronnerie de luxe HaTzorfim, indiquaient clairement à qui n'appartenait pas la Terre d'Israël. Probablement adressés à ceux installés dans cette voiture japonaise gris métallisé qui dans dix minutes arriverait au terminal 1, le plus ancien, celui qui était encore le principal lorsque, jeunes mariés, Maya et Yoav étaient allés en Grèce. Leur premier voyage à l'étranger et en avion.

Pour évacuer la buée qui s'était accumulée sur le pare-brise à force de respirations silencieuses, Segev avait ouvert sa vitre et l'air mouillé pénétra l'habitacle sans réussir à les extraire de leur hébétude muette.

L'enregistrement des bagages avec excédent, plus de trente kilos, se fit sans aucun problème. Si les contrôles des douanes et de la police s'effectuaient bien dans le terminal 1, les passagers enregistrés devaient patienter dans une salle d'attente minimaliste pour prendre une navette jusqu'aux pistes du terminal 3.

Arrivée devant les machines de reconnaissance faciale de la police des frontières, Maya passa les portes vitrées automatiques, alors que le passeport de Yoav se refusait à les ouvrir. Depuis un coin éloigné, un agent de l'aéroport qui l'observait s'énerver lui fit signe de passer par la guérite où se trouvait une jeune policière avec un beau visage taché de rousseur et une chemise impeccablement repassée. Yoav était sensible à ce genre de détail, car c'était lui qui était chargé du repassage depuis son mariage. La jeune fille, qui n'était ni avenante ni antipathique, s'absorba dans l'étude du passeport tout frais – tout neuf –, tapota sur le clavier de son ordinateur et appela quelqu'un qui, apparemment, avait autorité sur elle. Yoav avait les mains moites et son cœur battait comme la pluie sur la verrière du jardin la nuit précédente.

Un civil armé d'un estomac proéminent et d'une barbe fournie et mal entretenue s'avança vers la guérite, lentement, comme si une immense lassitude l'avait envahi à l'idée de travailler.

L'homme qui portait une kippa de soie noire et dont le ventre était barré par les larges rayures noires de son talith katan[1] s'empara du passeport de Yoav sans pénétrer dans la cabine pour éviter, à l'évidence, tout contact physique impur avec la fille aux taches de rousseur.

Sans un mot, il lui fit signe de passer la frontière virtuelle et de l'attendre.

L'homme revint après quelques minutes. Yoav aurait aimé trouver une chaise, un banc pour pouvoir amortir le tremblement de ses jambes. L'homme lui rendit son passeport dont les quatre coins avaient été grossièrement coupés aux ciseaux.

— Avec ça, on vous laissera entrer où vous voulez, mais plus chez nous… en Israël. Bon voyage, monsieur !

1. Vêtement à franges que les orthodoxes portent parfois sur leur chemise.

LE CONSOLATEUR

La nuit avait accompli le nivéen miracle de l'hiver. Il avait floconné pendant près de six heures. Des plumes hésitaient à se poser sur les capots des voitures encore saupoudrés du sable de la dernière tempête. Une étrange tempête de fait, deux jours d'un khamsin hors saison qui s'était étendu sur le pays dans une brume jaune de toile émeri.

Menach'em referma la fenêtre aussi vite qu'il l'avait ouverte. Il se précipita sur le robinet de la cuisine pour, soulagé, constater que l'eau n'avait pas gelé. Il alluma la bouilloire, débarbouilla à l'eau tiède sa vieille tasse ébréchée avant de la remplir de deux cuillerées de café turc et une et demie de sucre. La bouilloire siffla alors qu'il effaçait la buée de la vitre avec la manche de son survêtement qui lui tenait lieu de pyjama. Le breuvage épais et amer semblait la réponse la plus raisonnable aux conditions météorologiques.

Les blocs de béton gris, sales et tachés de rouille du quartier des Katamonim étaient posés sur une moquette blanche, encore vierge. Le ciel sombre et menaçant semblait dessiner ces blocs géométriques avec une précision méchante. La neige non seulement n'arrivait pas à masquer la misère, mais elle la rendait plus sinistrement réelle. Sans couleur autre que le rouge du logo de la station-service à l'extrémité de la rue Yaakov Pat, les Katamonim livraient les contours exacts de l'abandon urbain.

La bouilloire embua le coin de carreau qui dévisageait la rue silencieuse aux premières heures du matin. Menach'em écoutait, aux aurores, le faux silence de la barre d'immeubles bas où s'entassaient des centaines d'hommes, de femmes et d'enfants qui se réveillaient tôt pour les ablutions qui précédaient leur course vers la synagogue du prophète Ézéchiel, ou de la Maison d'Ezra, ou celle de Tiferet Israël. Mais, ce matin, le bourdonnement des tuyauteries et des chuchotements était amoindri par l'épaisse couche de neige qui couvrait les toits plats encombrés d'antennes et de linge abandonnés au givre.

Menach'em savait qu'il n'y aurait pas d'autobus avant plusieurs heures, le temps que la mairie de Jérusalem active les trois ou quatre tractopelles qui faisaient office de chasse-neige. Menach'em savait que ce n'était ni les Katamonim ni la route de Beït Safafa qui seraient prioritaires et qu'il allait devoir rejoindre à pied son épicerie en haut de Judah ben Baba et que cela lui prendrait une bonne demi-heure de marche contre le vent.

Il croisa M. Amram, le shamash[1] de la synagogue Hillel HaTsadik, dans la cage d'escalier, que le ruissellement de la neige sur l'enchevêtrement de fils électriques bricolés sous les toits avait rendu plus sombre et inquiétant que

1. Le régisseur de la synagogue.

l'ombre d'un corbeau. Mar Amram était un vieillard au large front dégarni, éternellement coiffé d'un bonnet, brodé et autrefois certainement chatoyant, de sa communauté boukhariote.

Menach'em ne savait pas grand-chose de ce voisin, depuis longtemps veuf et mutique. Croiser Mar Amram ne voulait pas dire se saluer. Menach'em en avait décidé ainsi depuis que ses « Shalom Rabi », ses « Shalom Mar Amram » étaient demeurés sans réponse, suspendus sans écho dans la cage étroite de l'escalier du bloc 5.

Menach'em avait dévalé les quatre étages et marqué une hésitation sur le perron de l'immeuble, pour juger de la fiabilité du chemin de béton recouvert de neige. Le vent qui soufflait fort ébouriffait la rare végétation et dispersait de petits nuages plus froids et inconsistants que la buée que ses lèvres laissaient échapper.

Le soleil calendaire était certainement quelque part, mais pas ce matin-là sur le chemin mal éclairé qui coupait entre les immeubles, pour rejoindre la rue Yaakov Pat. L'immense carrefour était rouge de l'enseigne de la station-service et des lampadaires qui dominaient le dépôt en terre battue des autobus de la coopérative Egged.

Des ouvriers arabes désemparés descendaient devant lui en petits groupes, de Beït Safafa et peut-être même de Bethléem. La neige étouffait leurs conversations, leurs pas. Une armée débraillée d'esclaves qui, faute d'employeurs, rentreraient bredouilles et pauvres, mouillés jusqu'aux os dans leurs cabanes de parpaings.

Menach'em ôta ses gants de travail qui ne lui permettaient pas d'allumer sa cigarette. Ses doigts étaient gelés, il les réchauffa à la braise de sa clope et au métal brûlant de son briquet.

Le froid engourdissait l'esprit de Menach'em. Il parcourut cependant le trajet plus rapidement qu'il ne l'avait prévu. Comme il s'y attendait, le cadenas du rideau de fer était gelé. Sa vessie, pleine du café botz avalé au-dessus de l'évier, remplit très honorablement sa tâche libératrice. Le rideau levé, Menach'em se nettoya longuement les mains avec la neige et chassa de ces tennis trempées les traces jaunes qu'il avait laissées dans la poudreuse. Il alluma les lumières et du même coup la radio, qui ponctua les sonneries de six heures et demie et le début de la minute linguistique du professeur Avshalom Kor.

Alors que l'éminent professeur, dont la pédanterie était la marque de fabrique, achevait son explication sur l'origine obscure d'un mot ou d'une expression, Menach'em remerciait le Seigneur de l'avoir obligé à porter le châle, à nouer ses phylactères au bras gauche et à enfiler sous sa casquette la courroie de cuir qui soutenait le cube qui affirmait l'unité du Saint, béni soit-Il. En règle générale, tout cela était expédié au fond de l'épicerie en moins de temps qu'il n'en fallait au réchaud à gaz pour garantir un café turc d'excellente qualité.

La municipalité avait laissé les lampadaires allumés tant le jour était bien incapable de se frayer un chemin dans la purée de pois qui s'était abattue sur la ville.

Les premiers clients se faisaient attendre. Rien de surprenant. Il avait été dévalisé la veille à l'annonce de la soufa, de la tempête de neige qui allait frapper Jérusalem, les monts de Judée et même le nord du Néguev. Menach'em souriait à la vue des étagères vides consacrées au papier toilette et papier absorbant et de celles des sodas et des conserves. L'épicerie, mal éclairée, semblait comme une bouche édentée. Pas terrifiante, pas celle d'un ogre, mais celle ironique d'un mendiant.

Le cuir des phylactères avait laissé sur sa peau la trace de sa courte prière. Les traces disparaissaient moins vite que les mots prononcés.

Bien au-delà du rituel qu'il expédiait avec une certaine désinvolture, Menach'em entretenait une conversation avec le Créateur tout au long de la journée en Le prenant à témoin, en L'interrogeant, en Le réprimant ou, plus rarement, en Le félicitant, parce qu'il était dur de Le louanger lorsqu'on habitait les Katamonim et tenait une makolet à Judah ben Baba, une épicerie de vingt-cinq mètres carrés, qui avait connu son dernier coup de peinture au siècle dernier et rapportait à Menach'em de quoi vivre et entretenir le souvenir des morts.

Il n'y avait décidément que les vieux pour défier la froidure et ne pas considérer la neige comme autre chose qu'un désagrément naturel. Les vieux et aussi les Russes qui aimaient se moquer d'un pays qui s'arrêtait pour cinq centimètres de neige.

Comme il s'y attendait, la boulangerie Angel n'avait pas livré le pain, ni la coopérative Tnouva, les produits laitiers. Comment auraient-ils pu faire ? La rue était encore vierge de traces de pneus. La mairie avait trop à faire pour dégager les grandes artères, Begin, Yaffo, Herzl, Aza…

« Shalom Sacha », c'était ainsi que Menach'em s'adressait à tous les Russes de plus de soixante ans. Rien de méchant, juste qu'il n'avait pas la mémoire des prénoms. Et, à vrai dire, les clients s'en foutaient quand il n'avait pas raison une fois sur quatre.

Le « Sacha » de sept heures et une minute, était un

« Sacha » charcuterie, pain, margarine et cigarettes. « Pas de pain, Sacha, pas livré, mais j'en ai encore un d'hier. Prends-le ! Spaciba, spaciba. Neige, problème. »

Menach'em avait en guise de réponse muette pointé du doigt, avec une moue d'impuissance, le plafond, à défaut de ciel, avant de rendre sa monnaie au client.

Incapable de demeurer oisif, Menach'em se mit à déblayer le trottoir. La neige avait cessé. Pour en connaître l'épaisseur, l'épicier y plongea son bras. Il en avait plus haut que le poignet. Dix bons centimètres, cela faisait longtemps que ce n'était pas arrivé. Depuis... Il puisa au tréfonds de sa mémoire, depuis 1991, soit trente-trois ans. La ville avait été coupée du reste du pays, les arbres s'étaient abattus sur les voitures, des toits s'étaient effondrés sous le poids de la neige et la chaudière de son immeuble des Katamonim avait rendu l'âme. C'était en janvier et, aujourd'hui, c'était une semaine avant la fête de Pourim.

Alors qu'il finissait de dégager le trottoir, il aperçut un groupe de femmes arabes qui se dirigeaient vers lui. Habituellement sa clientèle arabe était masculine, des ouvriers, des terrassiers, les « pain blanc et lait caillé » comme il les appelait. Les femmes de Beït Safafa ne venaient pas d'ordinaire chez lui. Si elles s'imaginaient que l'épicerie d'un juif serait livrée en priorité sur celles de leurs quartiers, il allait les décevoir.

La rudesse de l'hiver n'était pas si rare mais, à travers les siècles, les Hiérosolymitains n'avaient jamais appris à s'en protéger. Pas plus les juifs que les arabes. Et nombreux étaient ceux qui, comme Menach'em, réchauffaient leurs demeures avec des poêles à fioul, des résistances électriques fabriquées en Chine ou des climatiseurs qui rendaient l'air aussi sec que bruyant.

Alors que le petit groupe de femmes arrivaient, un souffle violent emporta des milliards de particules de neige acérée, un nuage qui occulta leurs silhouettes jusqu'à n'être plus qu'une tache grise proche et lointaine.

La plus âgée, moitié en hébreu, moitié en arabe, proposa d'échanger des oignons et des olives qu'elles portaient dans des sacs en plastique contre du lait et de la farine. Ce qu'elles faisaient d'ordinaire à croupetons aux portes de Beït Safafa et de Sharfat, parfois dans les beaux quartiers de Talbieh, Reh'avia, ou de la colonie allemande. C'était aujourd'hui impossible, elles s'étaient donc armées de courage, avaient défié la tempête de neige, la peur et le froid pour nourrir leurs familles et il fallait que ce fût chez Menach'em, de la rue Judah ben Baba, qu'elles viennent troquer leur menthe, leurs oignons, et leurs olives vertes grosses comme des yeux de chat affamé ! Menach'em n'était pas un saint homme, mais un très humble pécheur, il s'en convainquait, plus par superstition que par une évaluation réelle de ses fautes qu'il confondait le plus souvent avec ses erreurs.

Les quatre vieilles – elles étaient toutes vieilles – étaient couvertes de neige. Elles avaient les joues rouges et les yeux pétillants. Leur voile, rabattu sur leur bouche et leur menton, dissimulait sourires ou grimaces, faisait leurs regards ridés, plus pétillants encore. Peut-être étaient-elles moins vieilles que lui, mais il leur marqua le même respect qu'il aurait accordé à sa grand-mère Freïh'a – que sa mémoire soit une bénédiction. Le café était encore chaud, il servit cinq petits verres au col doré. Elles refusèrent avec des rires de Japonaises, il insista, elles refusèrent, il insista, elles acceptèrent.

L'épicerie s'était réchauffée.

En temps normal, Menach'em n'aurait pas accepté de troquer sa farine et son lait contre autre chose que de l'argent sonnant et trébuchant, de belles pièces frappées soit du chandelier à sept branches, soit des attributs royaux de David, palme et couronne. Mais était-ce un temps normal ? Et il ne pensait pas seulement à la neige qui redoublait à présent de violence et enveloppait les épaules voûtées de la rue Judah ben Baba d'un épais voile sépulcral.

Menach'em n'était pas un saint homme, il était surtout un épicier perspicace qui savait pouvoir se débrouiller pour revendre le tout, un jour où les 7/7-24/24 n'ouvriraient pas (plus ?) leurs satanées portes automatiques, faute de bus, de trams et donc de personnel. Menach'em, qui n'était pourtant pas un saint homme, ajouta à la farine et au lait huit barrettes de chocolat américain.

Après les « shoukran », « bevakasha », « yarhamuk Allah » et autres formules de politesse, elles quittèrent le magasin en marche arrière comme des Japonaises, une fois de plus, songea Menach'em, qui avait vu un documentaire sur les mœurs nippones une nuit de pleine lune, lorsque le sommeil lui faisait un bras d'honneur.

Il s'affaira en arrière-boutique, pour dénicher des pots en verre pour les olives et de vieux cageots pour les oignons et la menthe. Il en avait trouvé derrière un portrait du Baba Saleh[1] riche en dorure, offert par la

1. Rabbin, figure incontournable de la tradition juive marocaine.

mère d'un gamin qui avait chapardé des cigarettes, dix ou quinze ans auparavant. Qu'était-il devenu ce môme ? Il avait dû faire son armée à présent, à moins qu'il ne fût en prison ou esclave dans un 7/7-24/24.

Menach'em était tout à ses pensées lorsque la lumière s'amusa à gyropharer dans sa boutique. D'une jeep Soufa noire, couverte de neige et pourtant luisante, s'extirpèrent trois gaillards barbus, en parka kaki. De longues boucles de cheveux gras pendaient comme des nattes de leurs bonnets noirs floconnés de neige, et les franges rituelles de leurs taliths pendaient sur leurs jambes comme les ailes collées d'un insecte.

Ils se présentèrent comme les représentants d'une brigade dénommée Meïr HaKaddosh[1] chargée de dissuader les arabes de pénétrer dans Jérusalem-Ouest et lui, Menach'em, « tête de con », fournissait l'ennemi en nourriture avec un bonus de chocolat.

L'épicier, qui venait d'allumer une cigarette, remarqua que l'un des trois, le plus jeune, un blond à barbe filasse d'adolescent idiot, mâchait en souriant une de ses barres de chocolat américain.

Ils cassèrent quelques bouteilles d'alcool, s'amusèrent à jeter des coupes de chocolat chantilly un peu partout dans l'épicerie en riant comme des enfants.

Ils sortirent, puis écrivirent au spray sur sa vitrine ICI C'EST CHEZ NOUS.

La lumière tournante du gyrophare s'éloigna dans la

1. « Saint Meïr », en référence à Meïr Kahana, leader du mouvement raciste Kach', assassiné à New York le 5 novembre 1990.

rue Judah ben Baba. Dans les phares de la jeep Soufa surmontée d'un fanion jaune, Menach'em avait vu la neige souillée. Et le jour ne s'était toujours pas levé.

SCANNER ET IRM

Tout a commencé parce que tout était devenu désormais possible.

Scanner était un bel homme, jeune, aux larges épaules, doté d'une barbe fournie noire et scintillante comme du mica. Il portait avec élégance une robe en velours azur brodée de fils d'argent et d'or et un fez aux couleurs assorties.

Ses sermons étaient dosés à la manière d'un apothicaire. Une pincée de commentaires ésotériques sur le passage hebdomadaire de la Torah, une cuillère d'humour machiste mais pas trop, de celui qui fait rire, suivies d'un jerrican de diatribes contre l'Occident et ses représentants ashkénazes, voleurs d'enfants, corrompus, corrupteurs, sales, vénaux, arrogants et racistes et mangeurs de crevettes.

En imitant exagérément et délibérément l'accent américain, le Rav Scanner, le rabbin prédicateur de la synagogue centrale de cette petite ville à la périphérie du désert du Néguev, avait achevé son sermon hebdomadaire, retransmis sur les réseaux sociaux et suivi par plus de deux cent cinquante mille internautes, par un « Just the sky is the limit ».

Le Rav Yeshoua El Maleh était surnommé Scanner car il sondait les reins, les cœurs et les os de ses adeptes. Pour beaucoup d'entre eux, il était un tsadik, un saint, un prophète, pour d'autres qui n'habitaient pas le coin, c'était un charlatan, un voleur, un fanatique, et l'on peut imaginer qu'au-delà des mers et des océans, le Rav Yeshoua serait passé pour un taré, encore que nous ne puissions en être sûr, depuis que les Lumières s'éteignent une à une dans le monde.

Le Ciel était donc la limite de ce prédicateur plus futé qu'intelligent, qui manipulait toutes les cartes à jouer de l'ésotérisme avec l'habileté bavarde d'un prestidigitateur.

Son domicile avait été construit avec les dons des administrés, sur le terrain vague qui jouxtait la synagogue centrale. Il en avait lui-même conçu les plans – une sorte de palais andalou tarabiscoté, avec des colonnes grecques et un moucharabieh, le tout joliment surmonté d'une frise de néons verts qui s'allumait la nuit tombée, comme un château de fête foraine.

Le rez-de-chaussée était, dans sa partie visible, composé d'un oratoire, d'un bureau où il recevait ses ouailles, et d'un studio d'enregistrement. Aux étages, les appartements privés de madame la rabbanite Myriam, née Ifergan, que ses adeptes, car elle en avait aussi de nombreuses, appelaient la rabbanite RMI (IRM en français), et de leurs six enfants qui semblaient avoir une identité commune sous le nom de « que Dieu bénisse ».

Scanner aimait utiliser l'anglais pour aérer ses prédications. Ça faisait moderne et, si les vieux Marocains qui composaient le gros de ses troupes ne pigeaient pas, les jeunes adoraient. Scanner n'avait pas toujours été rabbin, et l'anglais, il le parlait sans accent pour avoir été longtemps chef de projet dans les services informatiques d'un groupe pétrolier américain et avoir fait de longs séjours à Fort Worth, Texas. Scanner était le fils unique d'un fonctionnaire d'origine marocaine et d'une esthéticienne d'origine kurde installés à Beersheba, propriétaires d'une petite villa dans le quartier de Ramot.

C'est à Beersheba que Scanner avait étudié l'informatique et à Fort Worth qu'il avait découvert sa vocation. Alors qu'avec Myriam, sa jeune épouse, ils rendaient grâce aux chrétiens d'avoir inventé le dimanche, il avait découvert sur le net le show d'un prédicateur noir de l'Église des Évangélistes éveillés: un modèle!

Issus, Myriam et lui, de familles religieuses sans extravagances – kashrout, sauf à Antalya, kiddoush le shabbat matin et Ikea l'après-midi –, l'immersion dans l'univers de l'ésotérisme ne leur posait aucun problème, bien au contraire. Ils étaient fins connaisseurs (gènes culturels?) et adeptes eux-mêmes, avec modération certes, des bienfaisances de la superstition dite populaire.

Le Grand Rabbinat d'Israël et ses ramifications, que D.ieu bénisse!, est souvent le principal employeur au sud du trente et unième parallèle et, qui dit multiplicité de fonctionnaires, dit petites paies, et qui dit petites paies, dit bakchichs. Obtenir une smikh'a, un diplôme de rabbin, coûta à Scanner un peu plus que ce que le même juge rabbinique local demandait pour une conversion rapide, cinquante mille shekels.

Une autre somme, plus importante, avait libéré la place d'un rabbin soudainement empêtré dans des affaires de petits garçons.

Nous ne jetterons pas la pierre à Scanner, qui avait tout de même d'autres motivations que la magie et son compte à la banque Mizrahi. Il avait la ferme intention d'insuffler aux masses issues de l'alya marocaine une fierté et une dignité que le pouvoir politique, confisqué par les ashkénazes, avait piétinées, bafouées, moquées depuis la création de l'État d'Israël.

Rapidement Scanner devint une source d'inspiration pour la jeunesse de sa ville et plus largement pour la communauté marocaine du pays qui blâmait le parti historique Shass[1] d'avoir refusé d'intégrer leur « porte-parole » dans ses listes électorales aux cinq dernières législatives, et ce, malgré le fait que le Rav Scanner était devenu un faiseur de rois municipaux depuis Ofakim jusqu'à Eilat.

En ces temps bouleversés où toutes les haines pouvaient librement s'exprimer sans crainte d'une justice aujourd'hui émasculée, la fascination que Scanner exerça sur le pays des déclassés, des trop bronzés, de ceux dont le poète national Bialik disait « qu'il ne les aimait pas car ils ressemblaient trop aux arabes », fut considérable.

Il organisa autour de sa femme et lui une cour digne de celles des admorim[2] de Gour ou de Vizhnitz. Son image s'affichait dans toutes les épiceries et tous les commerces de sa ville, jusqu'aux shouks de Mahané Yéhouda à Jérusalem et du Carmel à Tel-Aviv. Ses interventions sur

1. Parti ultraorthodoxe séfarade créé par le Rav Ovadia Yossef.

2. Acronyme de « Notre seigneur, notre maître, notre rabbin », qui sert à désigner les chefs des sectes hassidiques.

tous les réseaux sociaux, les applications qu'il développa « au nom de la piété et de la pitié » étaient une des grandes réussites de l'année.

Sa popularité grandissante, il fut reçu par le Premier ministre comme un hôte de marque et même par le Richon LeZion[1] lors d'un shabbat somptueux dans un grand hôtel de luxe de Tel-Aviv.

Mais Scanner n'aurait pas été Scanner s'il n'avait pas fait de miracles. Bien sûr, il ne faisait pas remarcher les grabataires, ne rendait pas riches les pauvres, ni ne les sauvait du cancer. Les miracles accomplis étaient de l'ordre du placebo, mais aussi du viagra, du prozac, vendus sous forme de solution bénie, d'intuitions géniales et, il faut bien l'admettre, de dessous-de-table.

Son aura dans la vaste communauté orientale contrastait avec celles d'autres rabbins, eux presque centenaires, qui crachotaient des paroles incompréhensibles en judéo-arabe, en yiddish et, pire, dans un hébreu qu'aucun Israélien plus jeune qu'eux n'était capable de déchiffrer.

Il y avait en lui du Louis Farrakhan, du Louie Giglio, plus que du rabbi de Loubavitch. Il mêlait compassion, promesses et rédemption avec douceur et violence.

En fait, tout avait commencé parce que tout était devenu possible; et que détruire et tout brûler pouvait être une grande idée dans ce grand désordre où la haine au nom de l'amour (de Dieu, de la Torah et de la patrie) était désormais la ligne générale du gouvernement.

Alors que l'on avançait vers les fêtes de la Pâque, que la ville consommait ses derniers grammes de farine dans

1. « Premier à Sion », titre sous lequel on désigne le Grand Rabbin séfarade d'Israël.

des gâteaux trop épais et que le grand ménage de printemps jetait sur les trottoirs matelas, meubles et balais, le Rav Scanner, dans son long monologue à la veille de la grande fête qui célèbre la sortie d'Égypte et de l'esclavage, déplora, à la toute fin de son prêche, le caractère national des célébrations du Yom HaShoah qui n'était à ses yeux (qu'il voulait charbonneux, inspirés et habités) qu'un outil institutionnel pour maintenir la domination occidentale sur l'Orient.

Une manipulation mémorielle qu'il convenait d'abolir à moins… à moins de… consacrer le premier jour du mois de sivan, date de l'assaut meurtrier livré par la police contre le Rav Uzi Meshoulam et ses étudiants qui ne réclamaient, les pauvres – que leurs noms soient inscrits dans le Grand Livre de la Justice supérieure –, qu'une commission d'enquête sur la disparition des enfants yéménites lors des premières années de l'État.

Scanner exigeait deux minutes de silence dans tout le pays et que l'énumération des noms des victimes du génocide culturel des juifs d'Orient et du Maghreb soit lue sur le parvis du Mur Occidental en présence du président, du Premier ministre, des Grands Rabbins d'Israël et du commandant de la police.

Durant la semaine qui sépara la diatribe de Scanner et la fin des fêtes de Pessah', les communautés orientales du pays bruissèrent de mille rumeurs, les médias en firent leur miel et donc celui du Rav Scanner, qui faisait l'objet de toutes les discussions des rayons viande des supermarchés aux bureaux capitonnés de la Capitale Éternelle Une et Indivisible. Un grand quotidien, non sans humour, titra : « Un schisme dans l'Église juive ».

Le feu avait pris dans les champs secs du Néguev et

enflammait les esprits un peu partout, surtout parmi les jeunes. Il y eut même quelques intellectuels, lointainement de gauche, qui apportèrent leur soutien à cette proposition.

Le Rav Scanner gagna une demi-bataille puisque, quelques mois plus tard, le Conseil des Sages, dans une de ses premières décisions, déplaça la commémoration du Yom HaShoah au 10 du mois de tevet et invita la population à se défaire de l'habitude païenne de la minute de silence par l'observance d'un jeûne, du lever au coucher du soleil.

Une demi-bataille, car le Rav Scanner, son épouse et quatre de ses enfants trouvèrent la mort dans un accident qui impliqua son 4×4 sur une route mal éclairée et mal entretenue du Néguev, à l'entrée d'un moshav où l'on allait célébrer son quarantième anniversaire.

C'était une nuit pluvieuse de Hanoukka.

Aucune enquête n'a été diligentée malgré le fait que le camion impliqué dans l'accident n'ait jamais été retrouvé.

LE JOUR DU COLONEL

Avroumchik conduisait comme un homme : une seule main sur le volant, l'autre sur sa braguette. Il pinçait aussi le filtre blanc de sa cigarette entre son index et le pouce ou la gardait entre ses lèvres jusqu'à ce qu'elle lui fasse fermer sa paupière droite. Avroumchik sentait le shampoing et avait un sourire de petit garçon, ce qu'il était encore.

Ilanit n'était pas beaucoup plus âgée que lui, une dizaine d'années seulement. Ils portaient le même uniforme kaki mais celui de la juge était orné, aux épaulettes, de deux feuilles de salade alors que celui d'Avroumchik n'avait que trois barrettes sur les manches retroussées qui dévoilaient des avant-bras de déménageur.

La voiture que la région militaire centre avait mise à la disposition de la juge roulait pour l'instant sans à-coups sur la route n° 4, guidée avec désinvolture par la main large d'un caporal-chef plus occupé à dévisager sa passagère dans le rétroviseur qu'à respecter les limitations de vitesse. Ils en avaient encore pour au moins une heure et demie de voyage avant d'arriver à la base, que la discrétion de mise nous interdira de géolocaliser. Mademoiselle la juge était plongée dans ses dossiers. Lire lui faisait venir aux lèvres des envies de vomir. Elle releva ses lunettes sur son front et se frotta vigoureusement les yeux. Elle devinait le regard du jeune homme et son envie d'engager la conversation. Elle retira ses lunettes qui la vieillissaient, par souci inconscient d'élégance ou de séduction, et pourtant elle se refusait à devoir entretenir une causerie avec un gamin qui était plus jeune que son plus jeune frère. Alors elle ferma les yeux pendant que la voiture longeait les plaques de béton brut qui séparaient les territoires palestiniens d'Israël, sur plus de sept cents kilomètres.

Malgré son jeune âge et sa fragilité physique apparente, la juge militaire n'était pas du tout anxieuse à l'approche imminente du procès qui allait s'engager contre un colonel de réserve inculpé pour intelligence avec un mouvement terroriste arabe. L'affaire avait été très médiatisée, désormais en exil londonien, le quotidien *Haaretz* avait titré sur la décision du Conseil des Sages de réclamer du gouvernement et des responsables de Tsahal la plus grande sévérité pour cet acte de sédition, et ceci sans tenir compte de la notoriété de l'accusé. Cette intrusion du pouvoir religieux dans la justice militaire et civile avait suscité une condamnation modérément véhémente de l'opinion internationale, qui avait d'autres préoccupations que de se mettre à dos un pays qui était à présent, avec le Liban, un généreux exportateur de gaz, de surcroît d'excellente qualité.

Les nouvelles lois adoptées par le gouvernement d'Israël autorisaient pour la première fois qu'un civil soit jugé par une autorité militaire dès lors que ce civil était encore soumis à ses obligations de réserviste. Le colonel, que le Premier ministre avait, sur les réseaux sociaux, qualifié de traître et même d'antisémite, n'était autre que le patron de ce qui restait de l'opposition parlementaire. Son crime : être allé soutenir les manifestations organisées dans le Triangle[1] pour s'opposer à une autre loi réclamée, elle, par le Conseil des Sages, qui envisageait d'amoindrir les droits à la citoyenneté pleine et entière des populations arabes qui se verraient, alors, interdites de droit de vote aux élections générales de manière directe.

À ce point-là du récit, il convient de reconnaître que le législateur avait fait un merveilleux travail pour noyer la carpe dans l'huile d'olive.

Avroumchik pestait très virilement contre la circulation qui s'était soudainement densifiée quelques kilomètres avant l'échangeur pour Jérusalem. Il s'en excusa auprès de sa passagère, profitant de cette occasion pour la dévisager autrement qu'à la sauvette. C'était exactement la fille dont il aurait pu rêver si tous les a priori de classes et d'origines ne l'avaient pas cantonnée au fantasme. Elle était aussi blonde qu'il était sombre, elle était aussi riche qu'il était pauvre, éduquée que lui, sans diplôme. Elle était sur le siège arrière, il était chauffeur.

C'est elle qui avait allumé la première une cigarette après avoir entrouvert la fenêtre. Il l'imita immédiatement, modifiant son style de conduite. Main droite sur le volant et bras gauche nonchalamment accoudé à la fenêtre. Fumer était une mauvaise idée, comprit immédiatement la jeune juge. Fumer ensemble aujourd'hui, c'était un peu comme partager un verre, un vice commun.

1. Méchoulache, ou « triangle », est une expression topographique désignant une partie du territoire israélien essentiellement peuplée par des citoyens israéliens arabes, et ce depuis 1949.

— Un peu de musique ça te dit ?

— Pas vraiment, je dois me concentrer sur le procès.

— Ce n'est pas facile de lire dans une voiture, moi j'y arrive pas, mais c'est pareil dans le train.

— Non, moi dans le train ça va.

— Mais dans la voiture ça donne envie de dégueuler.

— Oui c'est ça. Mais je déteste parler en voiture aussi, alors tu peux mettre de la musique.

La voiture se traîna jusqu'aux portes de Jérusalem. Le pont du tram dans son agressive et ridicule laideur faisait comme une barrière de douane hollywoodienne dans une science-fiction des années 1960.

Avroumchik n'aimait pas la capitale de l'État hébreu. Lui qui était né au bord de la mer ne supportait pas ce marigot fossilisé. Lorsqu'il pénétrait la ville, une angoisse lui serrait le cœur, et ça datait de son enfance. À tel point que, lorsque ses parents voulurent organiser le jeudi de sa bar-mitsva au Kotel, il refusa et finit par nouer ses tefilin et lire la Torah dans le local du Bneï Akiva du quartier HaTikva, où il était né, entre la sandwicherie Shawarma HaTikva de son oncle Samy et celle de sa mère, Borekas HaTikva. Ce malaise lui venait de la présence étrange et vaguement menaçante des ultraorthodoxes, l'hostilité des arabes qu'il allait devoir affronter dès qu'il se dirigerait vers Jérusalem-Est, une fois passée cette saloperie d'entrée dans la ville. Et étonnamment, pour ce garçon qui, adolescent, n'hésitait pas à faire le coup de poing dans son quartier, il décelait dans Jérusalem une violence qui échappait au sens commun de la violence tribale, économique ou sociale, ici, la violence était divine, il n'en doutait pas un instant, une justice sans miséricorde, une violence de la radicalité.

Le silence qui régnait dans la voiture était bien ce qu'Ilanit désirait, et à la fois il lui pesait. La jeune juge éprouvait finalement de la compassion pour son chauffeur qui n'avait plus rien dit depuis qu'elle lui avait cloué le bec, sans pour autant afficher un visage courroucé ou vexé. De plus, il n'avait pas choisi d'écouter une station de radio orientale, ni même une station nationale ou la radio de l'armée, il avait mis sa playlist où se mêlaient toutes les formes de musique écoutables par un Israélien de son âge, avec une tendance mélancolique appuyée.

Ils avaient longé, au pas, les murs de la Vieille Ville jusqu'à la porte de Damas qui, pour les Israéliens, ne conduit qu'à Naplouse. Il y avait en permanence une noria de gardes-frontières mais, depuis les attentats de la mi-mars, la vaste porte de pierres antiques était devenue un checkpoint digne de l'occupation britannique sous lord Ernest Bevin.

La base, dont nous tairons le nom, était située entre des collines pelées. Autour d'un bâtiment de béton couleur sable de trois étages, des cabanes industrielles longues comme des poulaillers. L'une d'entre elles, encadrée par deux palmiers empotés et deux rangées de lauriers-roses, portait tristement les couleurs de la patrie que le vent, le soleil et le sable avaient maltraitées.

Avroumchik se gara sous un acacia, suivit des yeux mademoiselle la juge qui s'arrêta un bref instant pour réajuster sa jupe et, se retournant vers lui, dressa son pouce en l'air en signe de satisfaction et se fendit d'un sourire assez sympathique qui le surprit, et lui titilla l'ego et raviva l'espoir idiot des fantasmes réalisés.

Avroumchik n'aimait pas le désert, il n'y trouvait pas comme certains de ses amis une sérénité propre à l'introspection. Il aimait la mer, il aimait la ville qui menait à la mer, il aimait les gens qui habitaient sur les bords de la mer et avaient vu, comme lui, le soleil plonger sur son waterbed en rougissant de plaisir.

À la cafétéria de la base, il prit soudainement conscience de l'humidité dans le dos de sa chemise et sous les aisselles. L'air glacé lui faisait du bien. Il s'assit sur un tabouret du bar fait de rondelles de rotin, comme dans un bar à putes des années 1960.

Une TV grand écran accrochée au mur diffusait, sans image, la radio de l'armée, celle qui chante et ne parle pas. Il commanda un sandwich pita-schnitzel-houmous réchauffé au micro-ondes, qu'il mastiqua lentement pour tuer le temps avec l'impression d'en faire quelque chose. Écouter de la musique était ce qu'il faisait de mieux depuis qu'il avait été versé au service de la région militaire comme chauffeur, après un méchant coup de canif alors qu'il attendait le tramway devant le cimetière militaire du mont Herzl, à la fin de la cérémonie du Jour du Souvenir, dans son uniforme de jeune parachutiste, la feutrine de son béret rouge toute neuve pliée sur son épaule. Depuis que, lors de son séjour prolongé à l'hôpital Shaareï Tzedek, il avait rencontré Tom, un autre soldat, Avroumchik avait appris à apprécier la musique des « petits blancs », les locaux et les rappeurs anglo-saxons comme Little Simz, Nas, ou d'autres comme Billie Eilish et… Janis Joplin. Cette musique pénétrait son crâne comme une fragile vague, une nuit de pleine lune, un soir d'été sur les plages Gordon ou Cassis.

Le procès dura jusqu'à tard dans la soirée. Lorsqu'elle revint à la voiture, qui sentait le cannabis malgré les efforts conjugués du petit sapin-rétroviseur et d'un sandwich thon-œufs, la juge s'excusa pour l'heure tardive : les débats avaient été houleux et ce qui ne devait être qu'une formalité avait été plus pénible que prévu.

Avroumchik aimait conduire la nuit et la juge semblait se détendre sur le siège arrière. Il la devinait dans les phares des voitures qu'il croisait. Elle avait défait son chignon et laissé couler sa chevelure sur ses épaules, ce qui cachait les deux falafels cerclés de rouge épinglés à ses épaulettes. Ainsi, se disait-il, elle ressemblait à une tich'onit[1], une gamine fatiguée après une journée de crapahutage et de tirs à la cible sous le soleil et dans la poussière.

Aux informations, qu'ils n'écoutaient pas, le flash de vingt et une heures annonça la condamnation à deux ans de prison ferme et la dégradation du colonel de réserve au grade de caporal et, bien sûr, son inéligibilité pour les cinq prochaines années. Ironie du sort cette inéligibilité avait été une des lois phares que le colonel déchu avait défendues à l'époque où il siégeait encore au parlement. Parmi les commentateurs, un spécialiste de l'armée mit l'accent sur le fait que, pour la première fois de l'histoire de Tsahal, la juge n'avait pas un grade supérieur à celui de l'accusé, une marque du mépris des institutions à l'égard du séditieux.

Le retour fut marqué par un immense bouchon causé par le passage de l'admor de la hassidout de Satmar qui venait d'atterrir à l'aéroport Ben Gourion et se mettait en

1. Soldate qui fait ses classes.

route pour Jérusalem où l'attendaient plus de deux cent mille hassidim.

Avroumchik et Ilanit, qui n'étaient plus que deux jeunes Israéliens, n'écoutaient pas la radio et ignoraient tout des raisons de ce bouchon. Avroumchik avait finalement accepté de rouler un joint à mademoiselle la juge, qui était venue, en enjambant le dossier, s'asseoir près de lui. Ilanit admira avec quelle facilité son chauffeur roulait d'une seule main un stick d'herbe.

La caravane officielle du Grand Rabbin new-yorkais était arrivée à leur hauteur, précédée par des gyrophares, sirènes, motards, 4×4 noirs du président du Conseil des Sages et des ministres de la Sécurité, du Logement, de l'Intérieur, et du vice-ministre de l'Éducation nationale.

Avroumchik et Ilanit écoutaient *Naeem* de Bon Iver en hurlant le refrain plus fort que les haut-parleurs. L'herbe venait du Canada et avait un arrière-goût de sumac.

La cour du Grand Rabbin Teïtelbaum s'étendait comme une monstrueuse attaque de lucioles albinos. Certains voyageurs bloqués étaient sortis de leurs véhicules pour applaudir et crier des hourras ! Klaxons, frissons, frictions et brouhaha.

Si les deux soldats, à présent complètement stone, nutella et coca-cola, avaient écouté les ondes de Tsahal ou n'importe quelle radio, ils auraient entendu l'annonce de vingt-trois heures dix du suicide, dans sa cellule, du colonel dégradé et leader de l'opposition. Selon des sources officielles, il aurait profité de l'absence de surveillance pour mettre fin à ses jours. Ce qui, selon un panel de journalistes réunis pour la circonstance, prouvait de manière incontestable à quel point la conscience du séditieux devait être chargée de honte et de remords. Un des participants, le chroniqueur attitré de la Voix des Collines, avait ajouté avec un certain bon sens que cet homme, en raison de son suicide, qui est un acte d'hostilité envers le Créateur, ne pourrait bénéficier de funérailles juives et il ne faisait aucun doute à ses yeux que le Conseil des Sages adopterait une position semblable à la sienne.

Des milliers de voitures montaient vers la capitale depuis Bneï Brak, depuis Kiryat Sanz, depuis Pardess Katz, depuis Kfar Ch'abad, depuis Beït Shemesh, depuis Immanuel, depuis Kfar Tapuach', depuis Bétar Illit, et de plus loin encore, d'outre-mer, de Williamsburg, de Monsey, de Palm Tree, et de Kiryas Yoël, drapeaux de la Torah au vent.

Pour éviter ce maelström extatique, cette allégresse de derviches tourneurs, Avroumchik s'engagea sur une route déserte après l'embranchement de Latroun en direction du nord, de Kfar Maccabi. La lune ronde et grasse donnait du fil à retordre à l'obscurité. On y voyait comme en plein jour. Il n'existait ici aucune chance de se cacher du regard céleste.

S'ils avaient regardé sur leurs smartphones la chaîne 12 plutôt que d'écouter *I Don't Care Much* de Hailey Tuck, ils auraient vu les larmes d'un rabbin qui annonçait la reconstruction du Temple avec la frénésie *postillonnante* de l'envoûtement conjugué à un tsunami salivaire.

La nuit traversait la forêt et la lune la suivait à la crête des arbres. Ilanit s'était assoupie, la tête en arrière, les lèvres entrouvertes. La playlist s'était achevée sur *Fuck Yo Feelings* de Robert Glasper.

Les rues de Ra'anana étaient éclairées par les écrans bleus dans la respiration arythmique des climatisations.

Il déposa la jeune femme impasse Herzl, devant une

villa massive entourée d'un jardin. Les palmiers éclairés par des spots explosaient en bouquets fluo. Ilanit bâilla, se redressa, noua ses cheveux comme une petite fille avec un élastique rose, refusa le joint que lui tendait Avroumchik. Alors qu'elle le remerciait, elle lui demanda quels étaient ses projets une fois libéré de ses obligations militaires.

« Je fous le camp. Définitivement. Vancouver, Melbourne, Auckland, Copenhague, Berlin. Un endroit qui n'est pas ici. Un endroit où tu ne serais pas juge. Un endroit où Dieu me semblera heureux. »

BEÏT ALTSCHULER

Les fins de shabbat avaient toujours cette odeur mélancolique de bougie éteinte et de clou de girofle.

Autour de la table du salon, où s'était regroupée la famille, le père avait célébré le passage du saint au profane. La main du patriarche qui tenait la coupe de vin était grassouillette mais ferme. Les mèches de la bougie tressée avaient crépité dans la soucoupe où le Reb Pin'has, après avoir versé un peu de vin, les avait plongées.

Ici, il n'y avait pas moins de quatre générations serrées, accoudées sur la longue nappe recouverte d'un film plastique qui en protégeait la blancheur immaculée.

Reb Pin'has avait pour habitude de bénir ses arrière-petits-fils pour que les tentations de la semaine à venir n'effilochent pas les âmes pures de sa descendance.

L'aînée des filles qui avait succédé à sa défunte mère, que sa mémoire soit une bénédiction, armée d'un sac-poubelle, avait débarrassé la table des assiettes et des couverts en plastique. À peine fait, ses frères, ses fils et ses neveux avaient entamé avec leur aïeul l'étude rituelle de la Guemara, une tradition qui selon le Reb Pin'has remontait à son ancêtre, disciple du Becht, le Baal Shem Tov, le Maître du Saint Nom, fondateur du hassidisme.

Reb Pin'has avait ôté son kolpik, sa coiffe de vison sabbatique, et son crâne chauve s'était dévoilé un instant avant qu'une large kippa de soie noire un peu pointue vienne le cacher. Sa barbe blanche et fournie était prétexte à des caresses incessantes de sa main grassouillette, caresses qui accompagnaient lecture, étude, interrogations et écoute attentive et silencieuse des voix célestes des ancêtres et des anges.

La famille du Reb Pin'has Altschuler habite le quartier Shaareï H'essed à Jérusalem depuis 1910, autant dire depuis sa construction. Elle a fait fortune dans l'importation et le fumage de poissons. C'est une famille respectée pour sa richesse bien sûr, mais aussi pour sa gratitude envers les plus faibles de la communauté des craignant-Dieu. Certes, aucun grand talmudiste, kabbaliste, rabbin d'importance ou directeur d'école talmudique n'est à ce jour venu couronner la splendeur des Altschuler, mais la famille est de noblesse commerciale, car un juif s'ennoblit lorsque le respect scrupuleux de la Sainte Torah et de nos Maîtres se marie aussi harmonieusement avec le travail et la sagesse dans les affaires.

Toute la famille travaille dans l'entreprise d'importation qui s'est ramifiée au cours des années et principalement depuis le début des années 2000 de l'ère vulgaire, c'est-à-dire lorsque Reb Pin'has a passé le flambeau à son aîné, Gershom. Gershom a déjà des allures de patriarche en attente de patriarcat. Sa barbe taillée est déjà blanche ainsi que ses péoth courtes et bouclées sur ses tempes. Gershom n'est que l'aîné des garçons, sa sœur Shulamit, qui est vraiment venue la première au monde, est la veuve d'un riche Reb de la hassidout de Belz. À la fin de la shiva de son époux, elle est revenue à la maison paternelle avec ses deux filles, sans qu'aucune explication ne soit donnée au fait qu'elle ne se soit jamais remariée. Ses deux filles vivent aujourd'hui avec leurs époux à New Square au nord-ouest de New York.

Outre Shulamit et Gershom, Reb Pin'has a trois autres enfants, une seconde fille qui vit à Bneï Brak, épouse d'un influent apparatchik du parti Agoudat Israel, et deux garçons qui dirigent le département des alcools et celui des bois précieux. La famille du Reb Pin'has, réunie autour de la table du grand salon, ce soir-là, constituait une tribu hiérosolymitaine de trente-deux âmes. En ajoutant les ramifications américaines et celles de Bneï Brak, la descendance du Reb Altschuler forme une société de soixante et onze craignant-Dieu.

Parmi ses petits-enfants, je suis le seul à être sorti de la hassidout. Cela remonte à la fin de mon adolescence et n'a pas la rébellion pour cause, mais l'amour pour une jeune fille de notre communauté que mon grand-père dans son intelligente bonté accepta que j'épouse.

Leah avait la double particularité d'être à la fois la petite-fille de notre admor, de notre maître spirituel, et celle d'un brillant rabbin universitaire de la Yeshiva University de Hudson Heights, un Américain donc, plus litvak[1] que hassid[2], un New-Yorkais qui s'était frotté à la philosophie d'Aristote, de Spinoza, de Kant et de Levinas, et possédait dans sa bibliothèque autant de livres pieux

1. Fidèle à la pensée du Gaon de Vilna (Vilnius).

2. Hassid, fidèle à l'enseignement du Baal Shem Tov, en opposition à l'école lituanienne.

qu'impies. C'est donc par le mariage que je me suis libéré des traditions de mes aïeux pour devenir un juif observant et moderne, qui ne craint ni la lumière structurée des sciences ni celle rassurante des Saintes Écritures. J'ai la faiblesse de penser que de tous ses petits-enfants, j'ai la préférence de mon grand-père Pin'has.

Je n'habite pas loin de la demeure du patriarche, car le pimpant quartier de Shaareï Hessed est une enclave de craignant-Dieu au milieu des quartiers de la bourgeoisie sioniste. Leah et moi, depuis le départ de nos fils à l'armée et la mort au Liban-Sud de notre aîné Boaz, que sa mémoire soit une bénédiction, en 1996, dans une attaque du Hezbollah contre la forteresse de Beaufort, nous habitons Reh'avia à cinq rues du « ghetto » de Beït Altschuler.

J'enseigne l'éthique juive à l'Université Bar-Ilan et Leah, la miqra, les études bibliques, dans un lycée de jeunes filles réputé libéral de la Moshava Germanit.

Ce shabbat s'achevait. Par respect, j'étais resté pour l'étude hebdomadaire issue de la tradition ancestrale de notre famille depuis le Baal Shem Tov. Je m'apprêtais à partir pour rejoindre Leah, lorsque mon oncle Gershom posa lourdement sa main sur mon épaule pour m'inciter à rester. Mes cousins s'égaillaient et moi je restais là, la main de mon oncle comme une enclume de forgeron sur mon épaule, devant mon grand-père assis dans son fauteuil à l'extrémité de la table, qui m'observait de ses yeux bleu délavé en rajustant sa kippa de soie noire.

Nous parlions en hébreu, et ce n'était pas une mince victoire, que j'avais obtenue à mon retour d'Amérique. Mon grand-père le parlait sans aucun accent, quand son fils Gershom mettait une coquetterie à s'exprimer comme un avrech' de la yeshiva Poniowicz.

— Ton oncle Gershom me dit que l'on a beaucoup parlé de toi cette semaine.

— Tu fais allusion, grand-père, à la manifestation de la fin de shabbat dernier ?

Il esquissa un sourire que je lui connaissais bien et qui voulait dire : « Viens-en au fait, ne nous fais pas perdre de temps. Parler pour ne rien dire est signe, au mieux de bêtise, au pire, ni plus ni moins que d'une profanation du Saint – béni soit-Il – qui a créé le monde par la parole. »

— J'ai pris la parole, grand-père, lors de cette manifestation, pour exprimer mes craintes de voir le pays dans lequel nous vivons devenir une dictature de soïkh'er moïkh'er[1] sans D.ieu, soutenue par des partis censés servir la parole du Ribbon HaOlom.

— Nou ! Je ne vais pas te répéter ce que tu sais déjà. Ce n'est pas notre affaire. Ne perds pas ton temps à sauver le monde de ceux qui se trompent...

Je ne voulais pas en dire plus, mais c'était sans compter sur Gershom pour en rajouter, puisqu'il était à l'origine de cette conversation inhabituelle et embarrassante.

— Tu portes notre nom. Tu crains l'Éternel n'est-ce pas ? Tu n'es pas politicien ? et tu sais que ce système judiciaire que tu défends avec des gens qui nous haïssent est une machine de guerre des apikoïrsim[2] contre notre sainte communauté. Et je ne parle pas des monstruosités contre nature que cette soi-disant justice légalise.

J'aurais pu faire de l'humour et lui rappeler que « notre » parti des craignant-Dieu avait voté pour un président de la Knesset homosexuel, mais je n'avais pas envie d'ouvrir un

1. Yiddish péjoratif : marchand douteux.
2. Littéralement « épicuriens ».

débat théologique avec mon oncle, qui était un homme assez sanguin, très différent de son père.

— Ces gens-là ne nous détestent pas comme nous avons appris à les mépriser, oncle Gershom, et si vous êtes tellement étrangers au monde « qui se trompe », ne vous occupez pas de l'organisation de leur société, et si ce pays d'apikoïrsim n'est pas le vôtre et à ce point dépravé, qu'y faites-vous ? Rejoignez les Satmar[1] de Brooklyn, rendez vos passeports, n'acceptez plus l'argent de cet État qui ne fait que reculer les temps messianiques. Vous ne pouvez pas jouer sur tous les tableaux au nom de notre sainte communauté. Ces apikoïrsim, comme tu dis oncle Gershom, ne sont peut-être pas tes frères, ni les miens. Il se peut que je n'appartienne pas à leur univers spirituel, mais je vis et j'élève mes enfants dans ce pays, qui est le mien et le leur. Et pour en finir, je t'avoue que, franchement, je me sens plus proche d'eux chaque fois que j'entends de prétendus religieux, comme vos alliés nationalistes des territoires…

— Nou ! (Il avait accompagné son « Nou » d'une tape sèche sur la table qui avait à présent retrouvé sa splendeur de bois précieux.) Tu as fini ? Tous tes grands mots sont du bitoul zman, un temps précieux que tu aurais dû passer à étudier, car ce ne sont pas les mots de la Torah. Nou ! Gershom, ton neveu a raison de parler de cynisme, car tu fais de la politique et tu mérites qu'il te traite de la sorte. Quant à toi… (Il avait pointé son index court et grassouillet dans ma direction.) Ton emportement et l'affection que tu portes à ces gens qui s'égarent et transgressent tous

1. Cette cour hassidique originaire de Transylvanie, essentiellement installée à Brooklyn, est profondément antisioniste pour des raisons liées à leur interprétation de la Torah et des textes talmudiques.

les commandements divins pour leur seule jouissance me peinent. J'ignore et je tiens à ignorer ce que tu enseignes dans cette, cette… Universität, mais cette éthique me semble plus grecque que juive…

— Avec tout le respect que je te voue, je citerai les mots du Rav Israël Salanter, que sa sainte mémoire soit une bénédiction, un juif ne doit pas s'occuper de l'âme des autres et de son propre estomac, mais plutôt de son âme et de l'estomac de l'Autre. C'est ça que j'enseigne et cela s'appelle chez nous le moussar, et chez les autres l'éthique, parce que le monde parle plusieurs langues. Nous vivons dans ce pays et, si ce n'est pas vos lois, ce sont celles que nous nous devons de respecter – Dina deMalkhouta Dina[1].

— Tu es tellement devenu comme eux que tu parles comme eux. Tu jettes des slogans comme des bananes aux singes. Tu veux faire plaisir à tout le monde plutôt que plaire à D.ieu.

— Non, oncle Gershom, je juge aussi durement les comportements immoraux de la société de mes semblables que ceux de notre sainte communauté. À présent, si Zeïdè[2] me le permet, je demande la permission de quitter cette discussion qui ne nous mènera à rien et d'aller rejoindre Leah et les enfants qui m'attendent.

— Pour aller manifester devant la présidence ?

— Oui, Feter[3] Gershom, pour aller manifester contre ceux qui détruisent le peuple de D.ieu, pour une poignée de lentilles servie par un mauvais roi corrompu.

Le patriarche était demeuré silencieux. Sa grosse main

1. « La loi du royaume est la loi. »
2. « Grand-père », en yiddish.
3. « Oncle », en yiddish.

balayait des poussières invisibles. En fait, je crois qu'il ne nous écoutait plus. Il n'était pas rabbin, pas plus que Gershom, pas plus que moi. Il s'en remettait à la foi de ses pères. Soixante années de commerce ne lui avaient fait détester personne. Il s'était toujours conformé aux lois et n'avait que mépris ou / et commisération pour ceux de notre sainte communauté qui en salissaient la rigueur morale. Il regrettait aussi le judaïsme de ses pères, que leurs mémoires soient une bénédiction, ce judaïsme fait de joie et de partage qui se distinguait de l'austérité des Litvaks, un judaïsme du peuple, avec le peuple et pour le peuple de D.ieu.

Reb Pin'has souhaita une bonne semaine à son fils et me demanda d'approcher, ce que je fis avec fierté. Il n'était, en effet, pas d'usage chez nous de rester seul avec le patriarche en tête à tête.

— Aide-moi à retirer mon bekeshe, il m'est difficile désormais de le retirer. Ta grand-mère, que sa mémoire soit une bénédiction, me manque. Tu penses à Moumè ?

— Oui grand-père, sa douceur me manque, et son parfum aussi. Elle savait aussi mettre fin aux disputes, et d'ailleurs qui aurait voulu se disputer en sa présence ?

— Tout le monde se dispute mon garçon, parce que le Saint – béni soit-Il – l'a souhaité ainsi pour que l'on puisse mesurer la merveilleuse fragilité de la paix… Et c'était la force de ta Moumè : la fragilité de la paix et de l'amour gratuit.

Puis après un long soupir de fatigue, comme un souffle venu du plus profond de son corps déformé, il changea de sujet et l'intonation de sa voix.

— Ton oncle est un hassid d'avant la création de l'État. C'est un juif de la méfiance. Lorsque l'indépendance a été proclamée j'avais vingt-sept ans et mon père a pleuré pendant tout un shabbat. En mon for intérieur, mon cœur me disait qu'il fallait sourire et pourtant j'ai pleuré avec mon père. Nous entendions, autour de nous, la ville s'embraser de joie et mon père pleurait un jour où pleurer n'était pas de mise, et ce shabbat-là est au fond de mon cœur, deux fois béni par l'Éternel. Je me sentais coupable d'espérer et à la fois j'étais jeune et je voulais danser avec mes frères juifs qui pleuraient de joie. Ton oncle avait sept ans et il pleurait avec son grand-père, au lieu de se réjouir comme son père. Nou ! Toi, tu es un juif de la confiance et c'est là un excès. Tu es la partie de moi qui souriait le saint shabbat de l'indépendance. Moi j'avais des excuses, mon époque avait le droit d'espérer que l'Humanité gagne des midoth de Hessed et de Justice, la tienne a le cœur sensible alors qu'il lui faudrait être intelligent.

Il posa sa grosse main sur ma tête et prononça les mots que le Maharal de Prague fixa aux générations des pères pour bénir les fils.

Puis, dans un souffle ténu, il glissa à mon oreille :

— Tu leur diras, à tous et toutes, mon fils, que mes prières vous accompagnent, parce qu'il vaut mieux espérer en l'homme que s'en désespérer.

SCHIBBOLETH

« C'est depuis longtemps un homme reclus, coupé des exigences factices et des contraintes absurdes. Pour chaque nouvelle production poétique, qu'il enveloppe lui-même dans du papier kraft, il se rend à pied depuis son trois-pièces de la rue Ben Sarouq dans le quartier de Reh'avia, à la poste centrale de la rue de Jaffa... »

Voici l'image caricaturale que l'amateur de littérature avait d'Eli Zak, un vieillard taiseux, un anachorète doté d'une chevelure inadaptée au peigne et à la brosse. Une des rares photographies que l'on connaissait de lui, et qu'avait d'ailleurs reproduite le supplément littéraire, le montrait plus jeune, cinquante ans peut-être, une cigarette filtre à l'angle de ses lèvres lippues.

De fait, l'amour des mots chez lui ne s'embarrassait d'aucune autre considération que le mot lui-même et l'homme qui n'était pas un bougon, ni un misanthrope, n'avait que faire des mondanités et des honneurs qu'il appelait la « post-production » et considérait comme une falsification.

Eli Zak parlait à son éditeur une fois par an, la veille du jour de l'indépendance, qui est aussi le jour où l'on célèbre les soldats morts dans les guerres d'Israël. Ils parlaient de leurs fils, que la glaise du Liban avait avalés le même hiver, puis de son projet en cours, puis il écoutait attentivement les suggestions de nouveaux auteurs à paraître que lui énumérait son éditeur, avant qu'il ne donne son avis sur ces choix, lorsqu'il les avait lus en hébreu ou dans une des nombreuses langues qu'il parlait et traduisait.

Depuis près d'un demi-siècle de reconnaissance nationale pour son « œuvre ancrée dans l'amour de la terre, des racines affleurantes d'un peuple encore vibrant d'exil », Eli Zak, l'honorable professeur émérite de lettres classiques de l'université hébraïque du mont Scopus, était un poète d'un autre siècle qui avait connu des hauts et des bas dans son entêtement à vouloir décrire Israël comme une promesse, ce qui avait, à partir d'une certaine époque, sans grands cris ni polémiques, suffi à le classer dans la catégorie des écrivains nationalistes, avant de revenir plus tardivement dans le concert consensuel et assez monolithique de la gauche mainstream de Tel-Aviv. Car tout amant d'Israël qu'il était, un certain nombre de ses poèmes, sans être politiques, étaient sans équivoque un refus de la colonisation des territoires et des esprits par la déferlante de religiosité et de sa violence, qui heurtait son esprit libre de juif et de citoyen.

Pour tout le monde, il se résumait à être celui qui avait écrit :

Le poids d'une olive
Est une aumône
Faite aux innocents

De fait, aujourd'hui, Eli Zak était veuf, orphelin de son fils unique, retraité de l'académie, bienfaiteur des chats errants des rues de Reh'avia, et gros fumeur de cigarettes brunes et âcres. Il vivait dans le trois-pièces agréable d'un petit immeuble Bauhaus de quatre étages construit en 1925, encerclé d'un jardin planté de deux palmiers-dattiers majestueux recouverts de bougainvilliers rouge mercure et d'un jasmin, plus bavard la nuit qu'une cigale et plus sucré qu'une figue fendue. Un jasmin qui se hissait broussailleux sur les pierres de taille jusqu'au-dessus de son balcon, lequel faisait un élégant U autour de l'immeuble au premier étage.

Il était de l'école de ceux qui écrivent le matin très tôt, lisent très tard et ne s'avouent jamais qu'ils ont peur du sommeil. Comme tout homme de sa génération, il avait des habitudes auxquelles il ne dérogeait jamais. Qu'elles soient devenues une sorte de talisman, lui-même n'en doutait pas. Elles étaient la preuve à travers son existence, déjà assez longue, que certaines choses demeuraient immuables et que, peut-être, il enracinait ainsi son être dans le bitume lézardé des rues de Jérusalem.

Il ne fuyait pas la compagnie, comme la légende souhaitait le laisser croire, par on ne sait quelle nécessité impérieuse de mystère et de distance éthérée qui siérait à tout poète d'un certain âge. Presque tous les vendredis soir, il recevait d'anciens étudiants, d'anciens collègues, des amis et ce, après le repas sabbatique qu'il partageait depuis une dizaine d'années chez ses voisins du bas, Lazar, son épouse Tamar et leurs trois gosses, Mor (sa préférée), Eviatar (le turbulent) et Lévia (la réservée). Il consacrait beaucoup de temps à ces gamins qui étaient devenus ce que l'on peut faire de mieux en matière de petits-enfants qu'on n'a jamais eus.

Il n'avait pas joué à la dînette, ni plus tard à des jeux de société, ni ne se passionnait à présent pour les applications magiques de leurs portables respectifs. Il leur racontait les histoires qu'ils réclamaient, leur inventait des récits fous et drôles de sa grosse voix de fumeur invétéré, et les enfants l'écoutaient parler d'eux, les faisant héros mongols, Mayas, planètes, trombonistes de jazz, compagnons de Thésée, zèbres libres de Tanzanie, vainqueurs du sinistre Tarass Boulba, et ils riaient en regardant flotter la fumée dans les touffes de boucles blanches du vieillard, sous la lumière du lampadaire.

Aussi loin qu'il pouvait s'en souvenir, il était du Yishouv, le premier de la famille à être né en Palestine et de surcroît à Jérusalem qu'il avait défendue à seize ans avec une vieille pétoire britannique, face à la légion de Glubb Pacha. Aussi loin qu'il pouvait s'en souvenir, il avait toujours tenté de grandir en même temps que la ville, au même rythme binaire Orient-Occident et de demeurer en équilibre. Chaque rue était un ami, chaque synagogue une boîte à musique, chaque bosquet de ronces et de câpriers une enjambée périlleuse. Partout la ville sortait de la ville, s'en éloignait pour s'observer elle-même. Chaque terrasse était un panorama, une place forte à défendre dans le secret des caroubiers.

Contrairement à Lazare son voisin architecte de profession, il ne s'était jamais senti étranger dans ce puzzle, ce jeu d'impatience qu'était la ville. Il en composait une des pièces, ni maîtresse, ni d'angle, ni de ciel bleu. Un oiseau plutôt, pas un migrateur, un corbeau, peut-être, qui nicherait dans les pierres de la tour de David où entre les tombes de Bab al-Rahma.

Aussi loin qu'il pouvait s'en souvenir, il s'était senti toute sa vie protégé par un drôle de toit commun à ceux qui décident de vivre dans une ville sans rivière, sans fleuve, sans lac et sans mer, et aux piscines sèches, que seule la pluie peut faire fondre dans une confondante détresse, de rouille, de fruits écrasés et de feuilles sèches plus larges que les mains d'un géant.

Il y avait le miracle fréquent de la neige, de son silence et de ses rires. Et juché sur la muraille, à l'aube intensément bleue, face à Silwan et plus loin Abou Dis, il aimait regarder la ligne de démarcation entre la neige et le sable, entre la vie et l'éternité, avec le son des cloches d'Ecce-Homo, d'Alexandre-Nevski et de Saint-Jacques, qui fendaient la pellicule de glace, au risque d'empêcher les dormeurs de se réjouir de cette journée de vitres embuées, de poêle à pétrole et de lessive figée sur les cordes à linge.

Il aimait la chaleur de son appartement, ses livres, son canapé qui avait connu tant de culs que les larges coussins de cuir avaient conservé une forme étrange de selle de vespa. Il aimait sa cuisine qui gardait le souvenir du garde-manger et se refusait aux nouveaux standards des frigidaires. Il aimait son bureau ou dormait jadis un enfant qui n'était pas encore devenu soldat. Il s'y retrouvait, y retrouvait ses forces dans le travail et l'obstination du mot et de sa musique, du mot et de sa couleur, du mot et de sa matière, du mot et de ses voiles, du mot et de son destin parmi les mots, la forêt des mots, la furie naturelle des mots et son devoir sacré du sens.

Il aimait son appartement comme un livre tient debout grâce à la couverture et aux fils de chanvre qui le relient.

Depuis le décès de son épouse, il n'avait jamais ouvert la porte de sa chambre à quiconque et ne la fréquentait lui-même qu'à son cœur et son corps défendants.

Ce matin de Yom Hazikaron 2023, veille des soixante-quinze ans d'existence de l'État d'Israël, il n'était pas allé à la poste de la rue de Jaffa. Il avait enveloppé de papier kraft le dernier livre qu'il venait d'achever dans une hâte jusqu'alors inconnue, près de quatre mois avant ce mois fatidique de septembre qu'il s'imposait depuis toujours et qui signait le début pour lui, et la terre, d'une nouvelle année. Il avait écrit au feutre le nom et le prénom du nouvel éditeur, un homme de bonne réputation, et déposé l'enveloppe sur son bureau qui ressemblait tellement aux bureaux de ceux qui sont incapables de vivre sans les surprises prodigieuses du désordre.

Il avait fermé à double tour sa porte de chêne blond, lourde de cent ans de poignées et de coups d'épaule. Il avait tourné sur sa droite sur l'avenue Herzog, dans l'air frais et extrêmement pur de ce matin de printemps absolu. Au cours de la descente vers la vallée de la Croix, on perdait deux bons degrés Celsius, ce qui fit frissonner le vieux professeur dans sa chemise blanche. Pour son grand âge, il marchait d'un bon pas et croyait sentir la main de son fils qu'il accompagnait le shabbat au « repaire » des éclaireurs dans son uniforme beige noué du foulard vert et blanc de sa tribu.

Il s'était engagé sur la colline d'oliviers qui part du monastère géorgien et grimpe vers les cubes blancs sans nuances du musée d'Israël. À cette heure matinale, il croisa des joggeurs, des vieux qui comme lui bénissaient encore l'usage de leurs jambes, des salariés pressés qui ne renonçaient pas à leur vitesse de pointe et se dirigaient vers le centre-ville à droite où la Kiryat HaMemshala[1] et la Knesset à gauche. C'est dans cette direction qu'il traversa pour surgir dans le Jardin des Roses où des milliers de fleurs humides relevaient leurs têtes contre le poids des gouttes. Il fut heureux de croiser un joueur de violoncelle qui exerçait son talent sur un banc en se servant de ses doigts pour pincer et déformer les cordes comme un contrebassiste. La musique était à la fois mélodique et rythmique, sans attache, libre et pourtant si doucement contrainte entre les mains de ce jeune homme qui cachait son visage sous une capuche de moine sportif.

Nul ne sait combien de temps cela avait pris à Eli Zak pour arriver à la source et aux réservoirs antiques du Sataf, entre les arbres et les pierres posées par des mains byzantines, après celles qui avaient quatre mille ans auparavant travaillé le cuivre, puis le bronze.

C'est dans les eaux vertes que le corps du poète a été retrouvé par des hassidim venus pour leur bain rituel. Nul ne sait s'il a entendu la sirène de deux minutes qui charcute les cœurs des parents orphelins de leurs soldats.

Le premier poème que contenait le livre que le nouvel éditeur entendait bien publier avant septembre et les jours redoutables[2] était intitulé *Schibboleth* :

Au-delà – ils firent périr quarante-deux mille enfants d'Éphraïm
À la frontière du ciel et du Yarden
Moisson de schibboleth
Au passage du gué

1. La cité où se trouvent les bureaux du Premier ministre et des principaux ministères ainsi que le parlement.

2. Les dix jours qui séparent la fête de Rosh Hashana de celle de Kippour.

La nécrologie ignorante sur laquelle nous avons ouvert cette histoire ne dit pas que ce poème s'accompagnait d'un mot manuscrit et tremblant, où le poète exprimait le sentiment que plus rien de ce qui arriverait en cette année du soixante-quinzième anniversaire d'Israël ne justifierait jamais le sacrifice de son fils et la souffrance que son épouse et lui avaient dû réprimer pour pouvoir respirer sans lui.

Que Jérusalem, la ville, le pays ne le protégeaient plus d'un toit communément partagé. Que tout cela n'avait duré qu'une vie d'homme et que d'autres hommes, déjà, s'affairaient à briser l'utopie folle et sioniste d'une seule tribu. Ajoutant qu'à son âge il n'avait plus l'envie ni la force de pleurer.

Achevé le 27 juin 2023
au kibboutz Nativ Halamed Hé.

ÉPILOGUE

7 octobre 2023

Le narrateur s'excuse auprès des lecteurs du caractère apparemment improbable de l'histoire qu'il s'apprête à raconter. Mais si le lecteur n'est pas hypocrite, mais bien son semblable, son frère, il y reconnaîtra ce que communément nous nommons hasard, appelons providence, jugeons coïncidence fortuite, ou isochronisme pour les plus pompeux d'entre nous, et notera qu'il n'y a rien, dans cette histoire, d'exceptionnel ou d'extravagant.

Le visage de Rafi n'était plus celui que Nava avait connu. Lorsqu'elle le caressait dans son sommeil de morphine, elle sentait sous ses doigts la saillie des os qui vous font toucher un peu de la destinée souterraine de l'être humain.

Depuis qu'il avait cessé la chimio, ses cheveux avaient repoussé maladroitement. Lorsqu'il ouvrait ses yeux pour profiter quelques minutes encore du visage merveilleux de sa femme, il amorçait un sourire qu'elle embrassait de toutes ses lèvres, de toute sa salive pour réhydrater les siennes, craquelées et pâles.

Il était tard ce shabbat-là lorsque Rafi fut réveillé par l'infirmier de service. La télévision accrochée à son bras articulé diffusait des images incompréhensibles, de chaos et de larmes, sous-titrées par un bandeau rouge « Israël en guerre », suivi d'un autre qui annonçait « au moins 800 civils morts », suivi d'un autre « 150 otages à Gaza », suivi d'un autre « plus de 250 cadavres à la rave-party ». Les larmes de Rafi étaient muettes comme l'écran de la télévision.

S'avisant que son patient était réveillé, l'infirmier qui portait une large kippa laissa échapper :

— On les crèvera tous… ces nazis, ne vous en faites pas monsieur Rafaël, ces sauvages on les crèvera tous.

— Qui allez-vous crever ?

La voix arrivée dans le dos de l'infirmier qui prenait les constantes de Rafi surprit tout le monde. Nava venait d'entrer dans la chambre.

— Ce ne sont pas des nazis. Ils ne mécanisent ni n'industrialisent la mort des juifs, ce sont des pogromistes, comme le furent les Roumains, les Ukrainiens, les Polonais, les Baltes, les Russes, les Croates…

L'infirmier donnait des signes d'impatience. Il connaissait ce genre de prof qui vous reprend sur chaque mot, mais alors qu'il s'apprêtait à s'écarter de son patient, et à prendre poliment la tangente, la main droite de Rafi lui retint le poignet avec une force surprenante et la gauche lui fit signe de s'asseoir sur la chaise. Idan ne résista pas tant la poigne amaigrie, tracée de veines et d'os, le surprit par sa chaleur aussi. Rafi murmura en élargissant les crevasses de ses lèvres sèches :

— Écoute-la !

Et le garçon écouta.

Ici, le narrateur est obligé de dévoiler qu'Idan est le petit-neveu de Koby de la Mousrara, celui à qui l'on répète depuis sa naissance « qu'il est beau comme l'oncle Koby, qu'il est intelligent comme Koby, que sa mémoire soit une bénédiction, qu'il est copie-Koby ». Le narrateur sait aussi combien Idan, l'infirmier qui deviendra médecin, n'a rien à voir avec son oncle Koby « le désossé » qu'il a bien connu dans sa défaite. Idan, lui, est dans le camp des vainqueurs.

Idan écoutait Nava qui parlait en son nom mais aussi, Idan en était persuadé, en celui de Rafi, tant la pression des doigts semblait approuver ce que cette très belle femme aux cheveux blancs disait avec douceur.

— *J'ai l'âge de ce pays dans lequel j'ai eu la chance de naître, je suis sûre que Rafi dirait « ou la malchance, imagine-toi la Californie en 1948 ». Je suis née à Jérusalem, imagine-toi Idan. Je suis née dans cette ville que tous les juifs durant toutes les générations espérèrent comme la fin de l'exil, la fin de la haine, la fin des pogroms et du gaz, et des crachats et de la peur. Avoue que c'était plutôt une chance et ne crois surtout pas ce que Rafi raconte de la Californie. Imagine-toi comme c'était d'avoir quinze ans dans ce pays qui tous les jours promettait d'être plus beau, plus noble, plus libre, plus intelligent, un pays qui inventait, réfléchissait, guérissait. Mais lorsque j'avais quinze ans, je n'habitais pas la Mousrara, ni même un camp de préfabriqués plantés dans la boue, non, en 1962, j'habitais du bon côté de cette barrière que notre société, si éprise de justice, de droit, de devoir, et d'abnégation, avait réussi à bâtir entre juifs européens et juifs orientaux, entre nous et les arabes qui vivaient avec nous et nous qui vivions avec eux.*

Le sionisme nous avait promis plein de choses et notre expé-

rimentation collective de deux mille ans d'exil était tentée d'y apporter foi. Les juifs qui ont toujours espéré quelque chose ont été trahis chaque fois par de faux messies venus de leurs rangs, le sionisme semblait pour certains une espérance crédible qui avait le mérite d'avoir répondu à sa première promesse – le retour du peuple juif sur sa terre ancestrale.

Mais il y avait d'autres promesses, Idan.

Celle d'être une démocratie éclairée, généreuse, mais aussi celle d'être le seul endroit au monde où les juifs seraient en sécurité. Et ces deux promesses-là, le sionisme ne les a pas tenues.

Notre démocratie ? La lumière s'éteint comme une bougie qui grésille depuis 1967 déjà.

Des Cosaques venus de Gaza arrachent, en Israël, les têtes des enfants, éventrent les femmes, les violent, les brûlent, assassinent des vieillards. Voici les deux promesses que le sionisme n'a pas voulu ou pas pu respecter, Idan.

Tu vas recevoir ton tzav[1]*. Alors, va te battre contre les Cosaques de l'Islam, mais fais respecter cette promesse avec justice et humanité et, lorsque tu reviendras de cette guerre, rallume la flamme de la démocratie qu'on y voie enfin clair dans ce pays et qu'il redevienne une espérance humaine, ici et maintenant, et pas dans un monde où le Messie danse avec Satan.*

1. Ordre de mobilisation des réservistes.

Composition : Entrelignes (64)
Achevé d'imprimer
par CPI Firmin-Didot
à Mesnil-sur-l'Estrée, en mars 2024
Dépôt légal : mars 2024
Numéro d'imprimeur : 179100

ISBN : 978-2-07-305812-6/Imprimé en France

627111